成为足球硬汉

激发无限潜能的心理训练

〔英〕丹·亚伯拉罕斯 (Dan Abrahams)   著

姚家新   主 译

门薇薇 李亚辉 王菁如   副主译

北京科学技术出版社

Copyright © 2019, Bennion Kearny Ltd
Original Title: Soccer Tough II: Advanced Psychology Techniques for Footballers
This edition published by agreement with Bennion Kearny Ltd
www.bennionkearny.com
著作权合同登记号 图字：01-2020-4622

　　图书在版编目（CIP）数据

　　成为足球硬汉：激发无限潜能的心理训练 /（英）丹·亚伯拉罕斯 (Dan Abrahams) 著；
姚家新主译 . —北京： 北京科学技术出版社，2020.10
　　书名原文： Soccer Tough Ⅱ： Advanced Psychology Techniques for Footballers
　　ISBN 978-7-5714-1112-1

　　Ⅰ . ①成… Ⅱ . ①丹… ②姚… Ⅲ . ①足球运动 – 运动员 – 体育心理学 – 研究

Ⅳ . ① G843.14

　　中国版本图书馆 CIP 数据核字（2020）第 156185 号

策划编辑：曾凡容
责任编辑：曾凡容
责任校对：贾　荣
责任印制：吕　越
装帧设计：优品地带
出 版 人：曾庆宇
出版发行：北京科学技术出版社
社　　址：北京西直门南大街 16 号
邮政编码：100035
电　　话：0086-10-66135495（总编室）　0086-10-66113227（发行部）
网　　址：www.bkydw.cn
印　　刷：三河市国新印装有限公司
开　　本：720mm × 1000mm 1/16
字　　数：190 千字
印　　张：12.75
版　　次：2020 年 10 月第 1 版
印　　次：2020 年 10 月第 1 次印刷
ISBN 978-7-5714-1112-1

定价：68.00 元

京科版图书，版权所有，侵权必究。
京科版图书，印装差错，负责退换。

献给所有在体育运动中努力追求卓越的人

作者介绍

丹·亚伯拉罕斯是一位注册运动心理学家，专门研究足球心理学。他与全球各地的球员、教练、俱乐部和足球组织开展合作，热衷于为所有参与足球这一美丽的运动项目的人揭开运动心理学的神秘面纱。

他的足球心理工具和技术被一些顶级教练使用。他本人是那些希望改善比赛心理状态的精英职业球员的首选咨询专家。

丹·亚伯拉罕斯拥有心理学一级荣誉学位[①]和运动心理学硕士学位。作为一名前职业高尔夫球手，他曾应邀到许多大学和学院演讲，并多次在世界各地的会议和政府机构发表积极、务实和乐观的演讲。

丹·亚伯拉罕斯已经通过社交媒体将他的足球心理学理念传播到世界各地，他提倡的心理技能在欧洲、美国、中东、远东和大洋洲广为使用。

请关注丹·亚伯拉罕斯的"Twitter"网络账号：@DanAbrahams77或丹·亚伯拉罕斯的"Instagram"网络账号：danabrahamssport。

---

① 英国最高级学士学位。——译者注

前　言

我希望你舒适地坐着，开始我们接下来的谈话。我们要谈论的是你在世界上最喜欢的事情——足球。

这将是一个坦诚的讨论——我需要对你的比赛有更多的了解，需要通过你的眼睛看到你内心的足球世界，这样我才能给你提供帮助。

所以，我希望你对我敞开心扉！我希望你告诉我你在训练时的想法和感受。我想让你告诉我，你是如何准备即将到来的比赛的，你在比赛中想要达到什么目的。我对你的情况了解得越多，我给你的比赛带来积极影响的可能性就越大。

当我们结束谈话时，你会以一种完全不同的方式来看待足球。我可能会打破一些关于你的训练方法和赛前准备的观念。我相信能给你一些让你惊讶的时刻——针对你在足球场上面临的一些长期挑战提供你能选择的答案。

然而，我必须提醒你，这并不是一个舒适的、轻松的旅程！如果你愿意与我一起工作，我会让你明白舒适是进步的敌人。也许冠军队球员最令人印象深刻之处是他们具有在学习和比赛中能够适度放松的能力。他们知道什么时候该加大强度并扩展自己的舒适区，也知道什么时候该放慢脚步来放松自己。这种取得平衡的知识和应用对他们的职业发展和竞技表现至关重要。

也许我对你的足球立场很苛刻，但这本书的核心是享受。我想让你享受足球，能自由发挥和表达自我。我想让你体验那种看到自己变得更好的激动感，看到自己变得更有技巧以及伴随有效学习后每一次取得成功的满足感！

心理结构

在过去的 10 年里，我注意到找我咨询的足球运动员面临的挑战中有一个相同之处。在与他们第一次接触时，我就发现大多数球员都缺乏训练和比赛的目标。他们想要变得更好，但他们不知道如何去做。大多数球员都没有自己的个人发展计划。他们缺乏能帮助他们做到最好的具体训练目标。他们接受训练的目的是让自己表现"优秀"，但他们很难说清"优秀"是什么样子。他们很少有人制订计划。他们的训练课没有体现出整体性与层次感——也就是结构。

"结构"这个词很重要。我遇到的许多足球运动员都有一个共同的心理问题，即缺乏一种基于日常行为的心理结构。就像他们的训练课没有结构一样，他们在球场上也缺乏心理结构。

你在心理上如何准备比赛？当你进入球场时，你是否有一个心理结构？你在比赛日是否有一个能帮助你实现高水平运动表现的心理例行程序？你知道从比赛开始到比赛结束如何管理自己吗？

比赛结束之后呢？你会在头脑清晰的时候分析你在比赛中表现好的方面，并进一步总结需要改进的地方吗？你知道在严格要求自己的同时如何善待自己吗？

如果大多数问题的答案是否定的，那么本书将为你提供答案。本书将帮助你形成一个心理结构，成为你在技术上、战术上和体能上提升足球训练水平与竞赛水平的有益补充。

练习篇

你在训练场上的态度将在很大程度上决定你的足球水平。听起来很浅显，对吧？带着良好的态度来训练，你会有所进步的。但我并不认为所有足球运动员的训练态度都很明确，许多足球运动员、教练员对训练态度的定义过于简单。

积极的态度始于开放的思想——一种对能力没有限制的思想。认为自己做不到的球员肯定不会努力去做，而在比赛中思想放开的球员会发现自己很优秀。我们将在第 1 章中讨论这种心理的细节。

你的足球生涯会受你"发现更好的东西"这种能力的影响。设立一个超越自己当前水平的愿景，然后制订一个实现愿景的计划，就我所知，即使从科学角度而言，这也是改进技能的核心。如果你不知道你需要提高什么，你将很难成为一个伟大的学习者！你需要一个清晰而简明的工作计划来实现你的目标。没有目标，你就没有方向。在第 2 章和第 3 章中我将向你介绍训练脚本。

一种世界级球员的训练态度还应包括了解你的舒适区。为了提高技能，你必须拓展这个舒适区，需要在这个区域之外进行更多的练习。第 4 章将阐述针对性训练的概念，第 5 章将讲述一位伟大的女子足球运动员在为比赛而进行身体训练的同时也锻炼自己大脑的故事。

我在本书练习篇结束部分提供了一些帮助你提高比赛水平的信息。第 6 章要求你不断拓展自我。冠军级的足球运动员总是通过努力达到比赛水平的训练来提高自己。他们为了更优秀，为了改进技能，为了更快、更高、更强而不断拓展自我。为了超越自己，你在训练中就要不断拓展自我，离开舒适区，你终会发现你完全可以成为一名优秀的足球运动员！

准备篇

足球运动员的心理准备是私人的事情。每个球员都有自己的习惯，都会以某种方式为比赛做身体准备。

当我问及足球运动员的比赛准备情况时，通常听到的都是他们有关营养和练习的问题。球员们会在比赛前几个小时补充食物，拉伸肌肉以减小受伤的概率。

但当我问他们是如何在心理上做准备时，他们往往沉默不语。球员们这种心理准备知识匮乏的情况必须改变。现代的足球运动员应该像做身体准备一样做心理准备，并充满激情，如果没有专注和自信的心理素质，球员将无法充分展现出自己的身体素质，降低运用技术的效率，更无法在战术和战略的竞争中占得先机。本书准备篇提供的信息将填补你心理准备的空白。

还有什么比在赛前养成一种建立自信和能量的习惯更重要的呢？在第7章，我将提出一个概念，使你能够确定自信的成分和影响你的能量的因素。通过明确那些能建立你信心的因素，区分那些能提高你能量的因素，你就可以运用这些重要的身体要素和心理要素为你的比赛做好准备。凡事不能碰运气，必须做好心理准备！

第8章将介绍我最重要的足球心理学工具之一。不管比赛水平如何，每个球员都应该有一个比赛脚本——一套他在球场上使用的说明书。在这一章中，我将告诉你如何创建一个简单而强大的脚本来帮助你聚焦心理和集中注意力。

你一旦有了比赛脚本，就需要知道如何使用。你需要知道当情况变糟时如何把你的注意力拉回到脚本中。在第9章和第10章中，你将了解两个控制器——可以用来保持脚本运作的两种自我管理技术。我希望你能通过使用这两个控制器而达到世界级水平。足球是一项速度很快的竞技运动，你必须确保在每场比赛中的每分每秒都有效地使用两个控制器，发挥出你的最佳水平。

本篇的最后2章为足球运动员提供了一些心理工具，供你在比赛开始前尝试使用。第11章介绍运动心理学中最流行的技术之一——可视化。第12章介绍了一种不常见的做法，那就是想想在比赛最激烈的时候如果出了问题，你会怎么做——做最坏的打算。冠军队球员们很清楚如何应对"如果"的时刻：如果我们比赛开始不久就丢了两个球怎么办？如果我在比赛开始后5分钟就犯了几个错误怎么办？如果我感觉状态不好怎么办？这些"消极"的问题可帮助足球运动员打开一扇解决问题的窗口。我希望你思考这些问题，我要你像冠军一样思考。

比赛篇

就比赛当天而言，我强调了稳定性。那些优秀的球员在比赛日都有一个固定的、不轻易更改的例行程序。从他们起床的那一刻起，他们就清楚地知道自己必须做什么，也清楚地知道自己不应该做什么。

随着比赛的临近，完成一些特殊的任务很重要：缩小你的注意力范围，保持适当的强度水平，聚焦比赛策略。如果你想在比赛中始终保持高水平的状态，你需要知道你在比赛日的例行程序是什么样的。第13章要求你列出一套程序来集中你的注意力。

当你在心理上也做好"热身"时，关键的时刻就到来了。开球！所有的准备工作都已经完成。这里只有你、足球、你的队友和对手。接下来就是你表演的时刻！

当你上场比赛的时候，你就有机会运用你在准备篇中学到的那些工具和技巧。最重要的是你可以用它们来克服消极的思想或碾碎"蚂蚁窝"（ANTs）。"蚂蚁窝"代表"无意识的消极思想"，我将进一步说明我在《打造足球大脑：学习英超球员的心理策略》（*Soccer Tough simple Football Psychology Techniques to Improve Your Game*）中介绍的干预措施。让我们迅速去除那些最具破坏性的想法——那些让你肌肉紧绷、让你身体慢下来的想法！第14章会告诉你怎么做。

在第15章，我将向你介绍一位伟大的球员。他是著名的足球运动员，在过去的几个赛季里，我有幸与他共事。他不仅是一名非常出色的球员，也是一名非常优秀的男人。在我们共事的时间里，我们一起构建了一个完全适合他的身体的比赛脚本。他将向我们展示他是如何将这一切塞进一个充满乐趣、自由和专注的"肥皂泡"中去的。

当然，如果你在球场上"想"得太多，那么你就不可能在比赛中享受乐趣，也不可能放开手脚与对手竞争，更不可能让你的思想专注于比赛。你必须清楚，上场比赛就不能畏首畏尾。我要求所有球员努力在他们的行动与思考之间寻找一种平衡——这是所有足球运动员都应该寻求且能够适应的"心理甜点"。我在第16章描述的80/20比赛定律将帮助你在适当的时机活动你的"思维肌肉"，而在其他时候则要放松你的"思维肌肉"。

当然，如果没有在心理上最具韧性的足球运动员的经验，临场的心理技术将是不完整的。我觉得，这个荣誉完全属于德国国家男子足球队。迄今为止，他们从未在点球大战中失利①。在德语中，甚至有一个专门的词来描述他们一次又一次地在这个可怕的12码②距离所表现出来的无所畏惧的天性。第17章将帮助你学习、掌握德国球员的心理韧性。

提升篇

本书最后一部分与其他部分一样重要。如果你想进步，你就必须相信你能变得更好。你必须清楚自己有能力达到更高的水平。

你的技能的改进是由你在心理上设定的你作为一名足球运动员的形象来调节的。你能否在每一场比赛中都踢得很好，同样取决于这个内心的形象。这个内心形象也是评价你在当下和未来的足球技能可达到何种水平的有效指标。

第18章将介绍一种衡量你的足球形象的工具。你看待自己是积极的还是消极的？你的足球形象是否足够健康、是否能帮助自己提升比赛水平？

---

① 原文如此。德国队在1976年欧洲杯决赛对阵捷克斯洛伐克时的点球大战中输过1次。——译者注
② 为了尊重原文，阅读流畅，文中涉及的距离单位延用码表述，1码≈0.9米。——译者注

树立自己的足球形象，首先要知道你当前所处的位置。在我看来，那些在思维和行为方面表现出胜人一筹的球员都对自己有一种乐观的看法。通过想象自我的强大，你就可以搭建起提升自己比赛能力所需要的进步阶梯。

第19章提供了一些具体的比赛分析模式，以提升你的足球形象，并改进你的比赛表现。你知道如何分析自己的表现来保持自信吗？你知道如何在分析自己比赛弱点的同时增强自信吗？本章在教你如何对自己和自己的竞赛表现提出更严苛要求的同时，提升你自己的足球形象。

当然，如果你在身体上没有做好准备，你的身体不够强壮且没有达到各方面均衡发展的要求，你在比赛场上也就不会有精彩的表现。当你的身体比较虚弱时，你也很难在足球比赛中保持顽强的心理韧性。正如人的心理会影响人的身体一样，人的身体也会影响人的心理！第20章向你介绍一位世界上最具创造性的足球体能教练。这位教练是当今英格兰顶级足球运动员的得力助手，他对足球运动员身体素质的研究远远超出了身体的范畴。当他训练球员的体能时，同时也致力调整他们的心理状态。

我希望最后2章能给予你一些启发。它们会给你一个指导，让你思考如何提升自己的足球形象；同时也会提供一些工具，帮助你在十分艰难的时期和感觉无法保持不断进步的时期维持积极的形象。

精准与激情

我一直热衷于帮助不同水平和不同年龄的足球运动员变得更优秀，本书中的所有策略适合所有球员。

如果你是一名足球运动员，一名特别渴望变得更优秀的球员，本书就是专门为你而写的。本书的内容不仅可以帮助世界上最优秀的球员，同样也适用于业余足球爱好者。任何想要提升自我的人都可以从中受益。

你可以带着这些技巧去五人制球场，也可以在有 5 万名尖叫的球迷的体育场中使用。

我喜欢把精准与激情结合起来。本书每页上的内容要求你不仅要热爱这项美丽的运动，还要准备好研究其每个复杂的细节。冠军是充满激情的，冠军同样是十分精准的！

更好是什么样子？

更好的感觉是什么样的？

在你读完本书时，你对"更好"会有一个精准的定义。我将向你展示如何让"更好"成为现实，向你展示一个更美妙的足球世界！

目　录

 练习篇

有人会告诉你，"你做不到""这是不可能的""你不要去尝试""你不要去麻烦别人"……

不必在意这些闲言碎语！

因为没人知道你会变得多么优秀。该做什么就做什么！

只有你自己才能决定你能否成为一名非常优秀的足球运动员。

如果有人对你说，"你很棒""你很有前途和潜力""凡事只要你出场都能搞定""成功是必然的"……

也不要轻信这些吹捧和忽悠！

因为没人知道你会变得多么优秀。你绝对不能骄傲自满！

只有你自己才能决定你能否成为一名非常优秀的足球运动员。

要达到你期望的目标，你必须有强化自己练习的意愿，有比你周围的伙伴们更专注、更有目的性、更聪明地去完成练习与比赛的意愿，有向自己的比赛学习、向他人的比赛学习的意愿。

如果你只是有想法，那么你永远不会成为你想成为的那种足球运动员。只想不做肯定是行不通的——那是所谓的大众心理学（普通人运用心理学中简单或流行的概念来理解或解释心理问题）！作为足球运动员，你必须知道最大限度地挖掘自己潜力的方法，制订有效的练习方案，然后付诸实践——以冠军的心理和胜利者的姿态去完成练习和上场比赛。我之所以提出"练习（practice）"，而非"训练（training）"，是因为"练习"更适用于提高技能的要求。"训练"是身体上的，而"练习"是精神上的——它表现在重复、强化、专注、形成智慧、不断地打破舒适区。练习也适用于技术和战术——它表现为学习新的动作、不同的跑位，使技术娴熟、精通战术、控制身体、应用新知识。

通过学习本篇内容，你将会拥有一种与以往不同的练习心理，一种更好的练习心理。

- 你会准确地知道你需要做些什么才能变得更好。
- 你会知道如何有效地进行练习。
- 你会知道你的大脑是如何对练习做出反应的，而且知道如何最大限度地利用这块强大的"肌肉"。
- 你会知道如何在训练课中拓展自我，并且持续不断地拓展自我。

在开始精细复杂的世界顶级练习和训练之前，我将帮助你扩展你对天赋的定义。如果你想成为最优秀的足球运动员，就必须相信自己，这意味着你必须确信自身所拥有的天赋！每个人都有自己的天赋，都可以在足球运动中展示才华，都可以表现得出类拔萃！

翻到第 1 章，去了解更多的相关信息吧……

第1章 天生我材必有用

我为你准备了一条新的、最重要的规则。

这条规则不是针对站位、跑动、传球和突破的，也不是针对力量、耐力、灵敏性和速度的，但是它却比以上列举的任何一个技术动作或身体素质都更具影响力！你可能看不见它，也摸不着它。你可能对这条规则有个人的看法，但对于世界上的每个足球运动员来说，它却是不容置疑的。更多的乐趣和更高层次的成功就包含在这条规则的哲理中。

那么，我想让你接受的这条规则是什么呢？它简短、强大，并且会影响你的整个比赛，那就是：

你必须去训练，必须去比赛，必须在心理上认为自己的能力没有极限。

让我再说一遍，我希望你读懂它并且消化它。我希望它成为你的足球生涯不断提升的核心要素。

你必须去训练，必须去比赛，必须在心理上认为自己的能力没有极限。

现在花几分钟去想象一个足球世界，在这里，这条规则就是为你而存在的。想象一种没有约束的比赛，让比赛场景在你的脑海里激荡吧！你经历了什么？你看到了什么？你感觉如何？你在对自己说什么？别人又对你说了什么？你在训练场上是如何保持状态的？你在比赛当天持何种态度？

我之所以提出这些问题，是因为我知道许多足球运动员对自我的定位保守而裹足不前。他们过早地对自己未来的发展做出了否定判决；他们不是那种没有极限的足球运动员；他们不认为自己有能力再提高一个层次，然后再上一个台阶；他们会选择说"这就是我"，而不是说"这就是将来的我"来激发他们的想象力。

许多足球运动员在心理方面出现了问题，他们把自己的志向和抱负定得太低，以致很容易就放弃努力，屈服于那些有碍比赛的负面情绪，比如挫折感、沮丧和焦虑。

如果他们在某一场比赛中踢得不好就选择放弃，这只会强化他们诸如"学不会""做不到"，甚至"从来没有做好过"这样的观念。他们会被自己的消极观念所击溃，并在自己的平均水平附近形成一个舒适区。**"我知道遇到高级别的对手想要踢好一场比赛是不现实的，我知道我自己的能力，我绝对达不到这个水平！"**

一名带着自我设限信念去训练和比赛的足球运动员永远不会真正地发现自己的能力到底有多大！如果他对于比赛充满担心或恐惧，或缺乏自信，就无法练就自身本可以具备的技能。如果他在训练场上过于在意别人对他的看法或者满脑子想的都是错误和失误，就不能集中注意力去听取教练员的指导。

同样，一名足球运动员如果认为自己不行，如果他在比赛时心里想的是自己控不住球或找不到空间突破等消极的内容，那么他内心的想法就会成为球场上的现实。

所有消极的想法都源于你对自己天赋的认知，也就是对你与生俱来的能力和前途的认知。让我重复一遍：

你必须去训练，必须去比赛，必须在心理上认为自己的能力没有极限。

十分的天赋

我认为你拥有十分的天赋！我之所以这样自信地说，是从你现在正在阅读本书的事实来看，你已经拥有了足球运动员的一种天赋——激情。如果你不喜欢这项运动，就不会花时间来读我的书。

对某种事物充满激情就是一种天赋。激情从本质上讲可能不是身体上的，也不可能让你玩杂技般地停球或像飘动的精灵般地晃过后卫，简单来说，如果你没有相应的激情，就不可能专注于任何事。激情是让你在某个方面出人头地的起点！

与足球运动相关的很多人，如教练员、志愿者、家长，他们仅仅是从一维的角度来看待天赋。当他们听到"先天能力"这个词时,脑海中浮现出的画面是这样的:一名年轻球员带球突破对手,一记势不可当的射门使球从球门右上角直接入网,得分!他被描绘得又高、又大、又强壮!他会用极快速的步法上演看似毫不费力的"足球魔法",完全是一幅不可思议的视觉景象!

我不否认身体天赋的存在,这就像不否认太阳、月亮和天空的存在一样。毫无疑问,一些人踢球会比其他人更得心应手,他们可能通过身高、力量和速度而拥有非凡的身体优势,也可能有一种乍一看似乎是无师自通的方法来控球。他们毫不费力地把球截断,不断地发现对手传球中的漏洞,每次触球都似乎做得无可挑剔。

这些都是身体上的天赋,很重要。但是,如果没有另一种形式的天赋,身体天赋的影响力终会减弱,这种形式的天赋就是心理天赋。在我看来,它是最重要的一种天赋。

心理天赋是个人的内在因素,它藏而不露,不为球探、队友、父母、教练和志愿者们所知。但我相信,在足球运动中,内在因素驱动着外在表现。足球运动不仅取决于你外在的能力,也取决于你内在的素质,因为外在表现(你的技能)在很大程度上受内在因素(你的心理)的影响。

如果说组织一场足球比赛就像建造一座房子,心理天赋就是建成这座房子的砂浆,身体天赋是建成这座房子的砖块。如果没有砂浆,房子就会倒塌。如果没有心理天赋,身体天赋就不会帮助你发挥潜能。你就只能到此为止!

令人兴奋的是,你可能拥有无数的心理天赋如决心、奉献、耐心和专注等。事实上,我们还可以将专注这种天赋分成如下几个类别:

• 压力之下专注于比赛的能力。

• 分心后重新专注的能力。

• 每天专注于做正确的事情,力求获得最好的能力。

在对足球圈有了一个基本了解之后,我意识到我们都有点过于执着于我们所看见的外在事物,不太关注那些内在的能力,如信心、专注、自我信念、自律、倾听、奉献、学习和理解、情绪管理、努力、毅力、自我调节、自我意识、思维灵活性、领导力、克服困难的能力、自我满足感、动机、同情心、主动性、自我评估以及与他人相处的能力。

运动员的成功或失败取决于是否拥有以上列举的能力或天赋。这些能力或天赋可以决定一名足球运动员能提升到什么水平，以及要花多长时间才能达到这个水平。而且，它们对运动员的职业生涯和他们在比赛中获得的乐趣也有影响。

足球运动员不仅要用脚去踢球，更要靠头脑去赢球！

足球心理

足球比赛不仅表现为身体上的对抗，也是心理和智慧的较量，这是由其自身的复杂性所决定的。足球绝对不是一项由先天基因就可以决定成败的运动。

你或许不能成为世界级的运动员，也不能成为世界级的足球运动员，相比而言，前者的概率可能会远远大于后者。科学告诉我们，你要想赢得 100 米跑的胜利，就需要拥有很多快速收缩的肌纤维（白肌纤维）；同样，你要想参加国际跳高比赛，就要有超过 6 英尺（183 厘米）的身高。而与此相反，如果你要想在肯塔基赛马会（Kentucky Derby）、全国赛马大会（Grand National）或墨尔本杯（Melbourne Cup）赛马比赛中赢得速度赛马的冠军，身材矮小、体重轻才使你有可能。

同样的道理，如果你的身高只有 5 英尺 5 英寸（165 厘米），就不太可能参加美国男子篮球职业联赛（National Basketball Association，简称 NBA）；如果你天生就是一个中等身材的人，就没有机会赢得世界重量级拳王的头衔；如果一名男子网球运动员身高低于 165 厘米，那么他几乎不可能在国际职业网球联合会（Association Tennis Professionals，简称 ATP）的巡回赛中取得胜利。

足球却没有这样的限制。我这样说，人们也可能有争议，在我写这本书的时候，世界上最优秀的两名足球运动员是罗纳尔多（Ronaldo）和里奥·梅西（Lionel Messi）。两个人的身材截然不同，一个堪称是足球运动员身材的范本，而另一个身高偏低、力量缺乏。可是，这两个人都处在足球运动的巅峰水平。

梅西、哈维·埃尔南德斯（Xavi Hernandez）和伊涅斯塔（Iniesta），他们从来都没有被排除在身材矮小的球员行列之外。他们都是在位于巴塞罗那的拉玛西亚（La Masia）足球学院长大。他们本可以编织出不同内容的个人故事，告诉自己不可能加入世界顶级水平的足球队，也可以有限制自己进步的想法。但是他们没有，他们坚信自己具备身体和心理双重优势。在教练团队的帮助下，他们决心要做最好的自己，并且不断地开发自己的潜能无底洞。

你在开发自己的潜能无底洞吗？你认为自己是一个没有极限的足球运动员吗？

足球比赛也是一项思维比赛，它是集意识、预测和决策为一体的较量，是思维速度的比拼，是一场智力的角逐（包括战术理解和模式识别），是一种球员需要知道在正确时间做正确事情的比赛——要对自己充满信心。足球比赛是一种错综复杂的比赛，绝对不容易掌控！

那些有身体天赋的人并没有得到只有他们可以主宰一切的独家许可。也不是说只有具备身体天赋的球员才能学会聪明地在场上比赛。每个人都可以掌握这些技能，而且每个人都有自己的潜能无底洞。

你必须去训练，必须去比赛，必须在心理上认为自己的能力没有极限。

没有人真正知道

没有人真正知道你能做得多好，你能将技能提高到什么程度，你足球生涯的终点在哪里，每个人都是猜测。

我希望你看到自己的潜力是无限的，你有十分的天赋，有能力做到最好。没有人能告诉你，你的最好到底有多好。

你必须去训练，必须去比赛，必须在心理上认为自己的能力没有极限。

很多人都说大卫·贝克汉姆（David Beckham）不会在皇家马德里队（Real Madrid）有什么作为，但他却大有所为！曾任曼彻斯特联队（Manchester United，简称曼联）后卫的克里斯·斯莫林（Chris Smalling）在英格兰踢低水平的联赛时难道放弃了自己的梦想？他当然没有！他的坚持得到了回报——他转会来到了世界上最大的足球俱乐部。

我过去接触过一些足球运动员，今后也可能会遇见类似的球员，他们在比赛中的表现比他们实际能力水平低 1 ~ 2 个层次，有时甚至低 3

个层次。我致力于帮助他们在训练和比赛中不给自己设置任何限制。我坚信，一名足球运动员肯花时间去思考如何在自己感知到的某些极限之外参加训练和比赛，他就能突破自我强加的那些障碍……应该马上这样做！我想让你也知道这一点，事实上，你为了自己的进步也需要这样做！

你的天赋你做主

你的足球梦想以及你为自己设定的目标，都是由你自己来决定的，而且只能由你自己决定！永远不要让他人来告诉你你在足球生涯中能或不能达到什么目标。

你必须去训练，必须去比赛，必须在心理上认为自己的能力没有极限。

没有任何事或任何人能够阻止你的进步，也没有任何人能告诉你你在足球生涯中能或不能达到什么目标。只有**你自己**，可以决定你将来有多么优秀；只有**你自己**，可以决定你的能力极限在哪里；只有**你自己**，可以决定你未来的足球生涯！

技能一
你必须去训练，必须去比赛，必须在心理上认为自己的能力没有极限。

第 2 章 对标一个更高的层次

冠军，伟大的冠军，都有一些共同之处。

尤塞恩·博尔特（Usain Bolt，牙买加男子短跑运动员）、米格尔·卡布雷拉（Miguel Cabrera，委内瑞拉男子棒球运动员，目前效力于美国老虎队）、塞雷娜·威廉姆斯（Serena Williams，美国女子职业网球运动员）、布拉德利·威金斯（Bradley Wiggins，英国男子场地自行车运动员，曾被授予爵士爵位）、朴仁妃（韩国女子高尔夫球运动员）、迈克尔·菲尔普斯（Michael Phelps，美国男子游泳运动员）、罗里·麦克罗伊（Rory McIlroy，英国男子职业高尔夫球手）、勒布朗·詹姆斯（LeBron James，美国男子职业篮球运动员）——他们都有一些共同之处。

米西·富兰克林（Missy Franklin，美国女子游泳运动员）、罗纳尔多、浅田真央（Mao Asada，日本花样滑冰运动员）、凯莉·克拉克（Kelly Clark，美国单板滑雪运动员）、蒂姆·蒂博（Tim Tebow，美国男子橄榄球运动员）、泽穗希（Homare Sawa，日本女子足球运动员）、大卫·贝克汉姆（英格兰男子足球运动员）——他们也有一些共同之处。

他们参与的是不同的运动项目，展示的是不同的动作技能。他们的身体外型也各不相同。他们来自不同的大洲，在世界的不同地点比赛。但他们都有一些共同之处。

要成为一个运动项目的冠军，并且保持最高的竞技水平，运动员必须花费时间去对标一个更高的层次。在上面列举的运动员的职业生涯中，他们已经在非常精细的程度上验证了"更好"是什么样的，"更好"的感觉又是怎样的。

这就是冠军们所做的。冠军是不会满足的，他们渴望得到更多，渴望进步，并且保持这种渴望。他们不会说"**这就是我**"，而会说"**那才是将来的我**"。他们对"更好"充满激情。追求卓越的火焰在他们双脚上强烈地燃烧着，在他们的体内和心理上不停地涌动。

成为最好的自己，开发无限的潜能，你就必须像冠军那样去思考和行动。你必须不断地对标一个更高的层次，你只能依赖自己。你必须冷静、严苛地看待自己的比赛，必须熟悉"更好"是什么样子，必须为你想成为的那种球员而规划自己前进的道路。

成为最好的自己，你必须不停地对标一个更高的层次。

成为最好的自己

成为最好的自己并不仅仅取决于身体上的付出与汗水，它不是那种仅仅通过提高心率来体现的盲目努力，也不是让你像无头苍蝇一样跑来跑去。

这也是许多足球运动员感到困惑的地方。他们认为只要提高了训练的强度就会进步，在练习中多踢进几个球就是一堂成功的训练课，成为"最优秀的训练者"就足够了——大错特错！

强度和努力固然很重要，但它们只是训练的一部分。在比赛中进球且保持不失球的确是你想要得到的结果，但这并不是训练场上最核心的要素。成为"最优秀的训练者"并不会让你自动进入冠军球员之列。卓有成效的练习是非常微妙的，它需要更多的智慧！这就是为什么足球运动的进步让人如此难以捉摸。

成为最好的自己需要你掌握比赛的控制权。没有人能让你变得更好，只有你自己说了算！你应该自己来确定练习目标，自己来提升你当前的比赛能力，自己来制订促使自己进一步提高的整体规划。

成为最好的自己，你必须不停地对标一个更高的层次。

不幸的是，我经常看到相反的情况。我遇到过一些足球运动员，他们总是希望由别人来为自己设定目标，总是想要别人来告诉他们该做什么。他们完全依赖于教练团队。这些运动员在身体上很健康、很强壮，技术也很娴熟，但是他们不善于从比赛中吸取经验和教训，所以他们也不会以冠军们所期望的速度进步。每个足球运动员都应该为自己的学习和进步负责！

成为最好的自己也需要智慧。它需要你有自我意识和对比赛的理解，包括以开放和诚实的态度来严格审视你当前的能力。你需要知道自己应该在哪些方面做得更好，"更好"是什么样子。要做到这一点，你必须锻炼想象力——想象一场超乎你当前能力的精彩比赛。你需要在内心拍摄一部电影，让它记录你所期望在未来足球生涯中参加比赛的完美动作和表现。你拍摄的这部电影将作为一个令人兴奋的、类似涡轮增压功效的模板，推动你坚持不懈地向着目标迈进。

成为最好的自己，你必须不停地对标一个更高的层次。

分析

让我们来看看那些构成足球比赛的要素，大致可以分为以下五类：

（1）技术

（2）战术

（3）身体

（4）心理

（5）社会

我想让你接下来列出一个清单，将你认为需要在比赛中改进的地方记下来。如果你不想把它们写下来，那也没关系，记在心里就行。

当你开始创建你的清单时，你必须考虑以下几点：

• 你的强项（需要保持和提高）。

• 你的弱项（需要改进）。

• 你在场上的位置与职责。

• 优秀的球员（也许是世界上最优秀的）会怎么做？他们是如何做的？

你的强项不应该被忽视——如果你不理睬它们，它们将不再是你的财富。运动员们需要有一种炫耀自己，同时也可以抵御一场糟糕比赛风暴的武器——你的强项可以让你带着自信上场比赛。即使你在89分钟里都不断失误的情况下，你的强项也可以让你在短短1分钟内光芒四射。

花点时间想想你的弱项并不是消极的，而是有建设性的。你不知道是什么阻碍了你的进步，又怎么可能成为优秀的球员呢？意识到自己的不足是把它们变成优势的第一步。

在这个过程中，你还需要密切地关注你在比赛场上的位置和相应的职责，因为足球场上不同的角色对应着不同的身体和技术要求。这样你就可以静下心来认真思考应对你在场上的位置及相应职责的具体挑战——防守前锋和防守后卫有不同的要求。如果你在场上身兼数职，还要多花点时间考虑一下你现在或过去曾经在场上的所有位置。

最后，观察一下与你位置相同的其他球员在比赛中的表现，这也是很有用的。你可以向你所在球队的那些水平在你之上的队友学习。认真回想那些只比你强一点点的球员在比赛中的表现也是一个非常有效的方法，它会让你意识到自己需要在哪些方面努力才能做得更好。或者，你可以选择想象一个精英级别的足球运动员在比赛中的表现，想想他们在比赛场上和场外所做的那些你觉得难以企及的标志性技术动作和行为，以此激励你提高自己的技能。

细节分析

接下来，我们将具体分析你的强项、你的弱项、你在场上的位置与职责以及他人的比赛与比赛的五个要素（技术、战术、身体、心理和社会）之间的关系。

（1）技术

首先，考虑比赛的技术要素，比如停球、射门、传球、控球和过人。你的假动作和控球技术如何？传球和射门技术又怎么样？在多数情况下，出脚干净利索吗？射门的力量如何？传球的准确性如何？如果这些技术都处于中等水平，它们能变成良好吗？如果是在良好的水平，它们能变成优秀吗？

与世界上最优秀的足球运动员相比，你的技术水平如何？他们在哪些方面做得比你好？你认为他们是怎么做到的？你觉得应该做些什么才能让你更接近他们的比赛水准呢？

你可以花一点时间在心理上构建一个关于你的足球技术方面的体系,然后给你所关注的每个技术环节打分,满分为10分(如果你愿意的话,满分也可以为100分)。最高得分——10分或100分将成为世界级球员。如果按这个标准,你可以得多少分?慢慢地、有意识地去尝试为自己打分——追求卓越需要敏锐的自我意识和比赛意识。

(2)战术

在分析完技术要素之后,继续来分析比赛的战术要素——站位、意识、移动、身体姿势、阵型和攻防套路。你知道教练的战术意图吗?你知道什么时候该压上,什么时候又该回防吗?你知道如何让视野更开阔,并且在合适的时机选择跑位吗?

再来一次,想象一个与你踢相同位置的世界级球员在场上比赛的情境,他在哪些战术环节做得更好?他的视野更开阔吗?他的速度更快吗?你怎样才能让自己的视野更开阔,更敏捷地完技术成动作呢?

比赛技术与战术的结合决定了你完成技能的质量如何和能否迅速有效地做出决策的能力。糟糕的技术会影响你在比赛中执行战术的能力,如停球动作太差不仅会导致你失去控球权,而且会使比赛的进程有利于对手。如果你的技术不好,你周围的情况就会发生不利变化,如队友明明占据了有利位置,你的传球却总是不到位。相反,一个精准的停球会给你充足的时间来做出正确的决定——我是应该继续控球还是将球传给队友?一个清晰、准确的传球可以让你的球队保住控球权,给你时间找到正确的进攻位置,并在比赛中取得优势。

你的哪些技术环节需要进一步提高?哪些战术层面需要进一步改进?

我需要更好地停球和更好地完善预备姿势,这样我在接到球时,就会有时间做出更好的决策。

我需要更精准的射门来得分。

我需要更多地注意周围的情况,如不停地观察队友和对手的位置,更多地关注身后的情况。

（3）身体

现在你已经完成了技术要素和战术要素的自我分析，花点时间想想你需要在身体层面增强什么？

你需要更具冲击性的头球和更干净利索的铲球吗？你需要扩大活动范围或者增强灵活性来防止受伤吗？你的速度足够快吗？你总是能第一个抢到球吗？你是坚持到了最后一刻，还是在离终场哨声响起还有一刻钟的时候就发现体能明显下降？

身体素质越好，技术发挥得就越好。随着技术的改进，你的战术执行能力也会随之提高。

这难道不是令人激动的多米诺骨牌效应吗？这种卓越的连锁反应是令人着迷甚至上瘾的、有趣的，同时也是强有力的。

- 我需要更快的步法来应对比赛——我需要提高灵活性。
- 我需要更有力地抢断——我需要加强上肢和躯干的力量。
- 当我在对方半场进行一次爆发性的冲刺后仍要有充沛的体能——我需要加快高强度跑动后的身体恢复。

（4）心理和社会

现在你知道了前面三个要素的"更好"是什么样子。让我们来探索第四个和第五个要素。我希望你使用本书已出现过的词汇来考虑比赛的心理要素和社会要素。与比赛相关的词汇有：专注、自信、信念、强度、情感、倾听、学习、纪律和承诺。

作为一名足球运动员，你如何看待自己？你心目中的自我形象与你在比赛中的实际表现是否相符？你的实际表现可以比你想象中的更好吗？你是否对比赛缺乏信心？你头脑中所保留的与你的足球表现相关的心理图像，我将它称之为你的足球形象。这也是心理学的一个重要领域，我将在本书的第四部分详细介绍。

你的情绪管理如何？你在比赛前会感到压力吗？如果比赛进行得不顺利，你会不会发脾气，或者绝望？

足球比赛也是心理的较量。你应花时间去分析比赛中的的心理，并给自己一个中肯的评价。

说完心理要素，让我们考虑比赛的社会要素。你总是准时（或提早）到达训练场吗？在球队里，你是一个出色的队友、一个能言善辩的交际家、一个热心的听众、一个强势的领导者，或只是一个忠实的跟随者？你是善于接受他人的建议，还是具有自我封闭的倾向？

比赛的社会要素经常被球员所忽视。很多人并不认为领导力是一种行为技能，其实每个人都需要培养和提高领导力。许多人更热衷于展示他们手臂上的队长标识，而不去探索真正成为强大的领导者的方法。

有些足球运动员会低估帮助球队或者队友的重要性。无论是在球场上还是在球场外，热心帮助球队的其他成员是成为一名优秀球员的关键。了解他人的个性特征可以帮助你完善自我，帮助你的球队赢得比赛，还可以帮助你所在的球队不断壮大。

• 当队友犯错时，我需要更积极地与他们沟通（我喜欢责备他们）。

• 比赛时，我需要更好地跟自己对话，尤其是当我犯错的时候。这将帮助我保持能量和信心。

• 我需要在训练中练习专注度，这将帮助我在比赛中更好地集中注意力。

想一想

别着急、慢慢来。先尝试从我们以上所讨论的每个要素中选出 2 ~ 5 个环节作为重点。你要拓展自己，走出舒适区来思考自己在比赛中的表现，力求详细！想变得更好的愿景将帮助你塑造未来的足球生涯。

要善于请教别人和借鉴他人的经验。你的教练会怎么想？你的父母和队友呢？你的前教练呢？一个有名的足球讲师呢？别人对你比赛的看法很可能与你自己的看法有很大的区别，不过这也没关系，别人的看法总有它的利用价值。

你一旦完成了以上工作，就将获得一张 2.0 版本的足球比赛清单。它展现的也许是一场速度更快、对抗性更强的比赛，也许是一场技术更熟练、身体更有控制力的比赛。我们下一步的工作就是聚焦你所选择的环节，制订你自己的训练方案。

技能二

成为最好的自己，你必须不停地对标一个更高的层次。

第 3 章　个性化的训练方案

改善训练的过程与你感觉不舒服去看医生的过程非常相似。当你去看病时，医生总会先为你检查，然后再给你开处方。

世界级水平的训练会从我们在第 2 章所讨论的"对标"开始——先对你进行检查，接下来为开出足球比赛的处方。

同时关注比赛的每个要素中的每个环节是不可能的，所以我希望你在开始的时候缩小清单的范围。当我过去与前来咨询的足球运动员一起工作时，这个过程很简单。在我们完成了"对标一个更高的层次"之后，我让他选择 3 个最急迫需要改进的环节，即需要立即改善的 3 个环节。我希望你现在也这么做。

选择 3 个你在下个月的训练课中想要重点解决的问题。如果你选择 2 个你认为的弱项和一个你认为的强项（你想要保持和加强的方面），这也是可以的。

解决这 3 个问题的"处方"构成了你的训练方案。顾名思义，你的训练方案就是你的比赛处方。在第 2 章，你对自己在比赛中的表现进行了全面的检查，现在就要为自己开出处方。其实，设计训练方案是冠军球员们每个月的必修课。

为自己设计一套个性化的训练方案，每个月前进一小步，在比赛中实现高水平表现的梦想。这样做并不复杂，我一般会建议球员先进行 1 个月的基础训练。也就是说，让球员先选择 3 个环节，用 1 个月时间来改进或保持，然后对训练效果进行回顾与评价，从而决定在哪些环节再做出适当的调整。

当然，你要确保自己知道如何改进。在第 2 章，你已经给自己的每个比赛环节按 10 分制或 100 分制进行了评分。现在，你再给自己设定一个目标得分。当然，这是一个非常主观的过程。正如你已经向那些最了解你在比赛中的表现的人寻求了关于"对标一个更高的层次"的建议一样，你也可以让其他人参与到你的训练方案制订中来。告诉教练、队友或父母你当前力求改进的地方，让他们给你评分，甚至可以邀请他们监督你的训练。

为了帮助你更清楚地了解这个过程，我将向你介绍在过去的几个赛季中我与向我咨询的几位足球运动员一起完成的几套个性化的训练方案。

英超门将

几年前，我接到一个非常有名的守门员的电话，他当时效力于一家英超俱乐部。他告诉我，面对狂热的球迷和媒体的密切关注，他对自己在开始几个赛季的表现非常满意。尽管处于世界上竞争最残酷的俱乐部之一，他对自己应对竞赛压力的方式也感到满意。

尽管他的表现非常稳定，但是他自己还是很担心。他觉得自己处于瓶颈期，他想变得更好、更快！他想要巩固自己在俱乐部中的地位，并代表国家队参加世界杯比赛。他想成为最好的自己！

当我接到这样的电话时，我总是很兴奋，我非常尊重一个对追求卓越充满激情的球员。

就像我经常做的那样，我向他解释，尽管我有信心能够帮助到他，但我仍然希望他明白即将开始的工作是循序渐进的。我想让他明白，运动心理学所指出的改善过程是可以观察到的——一个小小的转变就可以带来一个小小的推动。但是，它不会带来技能上的巨大飞跃只是随着时间的推移而带来一些小的提升。

他接受了这个提议。他知道进步不是轻而易举实现的，提高竞技能力需要专注、信任和耐心。在一次头脑风暴似的咨询中，我先是让他"对标一个更高的层次"，对自己进行全面地分析，然后我们一起制订了一套简练的训练方案。该训练方案如下：

做什么？ 接球的预备姿势——更快地进入状态。目前是 5 分（总分为 10 分），感觉移动太慢，太乏力。希望这个月增加到 6 分。

怎么做？ 主动要求守门员教练做更多的练习，强调完成接球预备姿势的速度，并要求教练在这方面对自己严格要求。

做什么？ 接球——在接球上对时间把控得更好。目前是 6 分，时机把握不稳定，有时太迟或太早。希望这个月能增加到 7 分。

怎么做？ 每次训练结束后都花些时间来做更多的接球练习。如果可能，让一个队友参与进来作为干扰者给自己施加压力。

做什么？ 信心和情绪管理——经常在犯错后感到沮丧和失落，目前是 3 分。希望这个月能提高到 6 分（这是最急需提升的）。

怎么做？ 在犯错后努力表现出自信的肢体语言——挺直腰板，踮起脚尖，对防守队友大声呼喊（把错误抛在脑后，恢复自信）。

这是一套以技术、身体和心理为核心的训练方案，帮助这位守门员在训练中获得了更多的自主权，也帮助他摆脱了足球运动员在职业生涯中可能经历的千篇一律和停滞不前的感觉，并为提高自己的足球运动水平而不懈努力。

年轻的防守球员

上个赛季，我为一名在英国女子超级联赛踢球的年轻防守球员进行过心理咨询辅导。

她在场上司职中后卫，是一位非常有潜力的球员。她花了很多时间向我倾诉她在一家知名俱乐部踢球时所感受到的巨大挑战，以及她每周进入球场时来自各方期待所带来的沉重负担。

我帮助她应对那些来自他人期望的方法就是制订一套个性化的训练方案，这也是其他心理学技巧和行为哲学经常论及的方法之一。我用训练方案作为将她的关注点引导到积极对象上的方法。我不断地强化她有关提高、进步和学习的理念，不必在意他人的评价而要专注于学习！摆脱各种各样的压力，专注于学习！为实现自己在比赛中高水平发挥的梦想，专注于学习！

　　我向她解释了"对标一个更高的层次"的重要性，并详细说明了训练方案对她在比赛中的表现可能产生的影响。通过帮助她规划一个让自己变得更好的过程，来让她用轻松的心态看待自己的未来。

　　以下是我们一起制订的一个月的训练方案：

　　做什么？ 意识——需要提高关注周围人活动的意识。目前是 4 分，从视频分析来看，大约每分钟环顾四周 5 次。这个月需要把分数提高到 6 分（每分钟环顾四周 8 次左右）。

　　怎么做？ 在训练中尽可能请一位教练观察并提醒自己关注周围球员的跑动。

　　做什么？ 面对角球时更好地防守——变得更加确定和自信。目前是 7 分，不太明确相应的战术套路和球员的职责，希望在一个月内达到 9 分。

　　怎么做？ 请求教练解释自己对于定位球战术知识的困惑（他想让我做什么？）。与守门员讨论自己在防守角球时的想法。当对方获得角球机会，或者对方在本方的底线附近罚任意球时，要进行积极的自我对话！

　　做什么？ 大声喊叫——中后卫要更像一个领导者。目前是 4 分，不爱说话，喊叫声音很小。希望达到 6 分。

　　怎么做？ 练习在俱乐部内或在俱乐部之外大声讲话。在训练中，大胆地大声喊叫，让自己的声音能被队友都听到。处理好与大声喊叫有关的消极想法（在球场外可以偏于内向，而在球场上要努力变得更外向）。

　　这是一套涉及战术、技术和心理的训练方案。作为一名年轻的球员，她需要身边专业教练的帮助，也需要与教练进行更好的沟通与合作，以便更快、更有效地了解自己在场上的职责。

　　她也意识到，她需要一点一点地走出束缚自己的"壳"。我向她解释，在场外不爱讲话、保持安静是无可非议的，但教练希望她能在压力之下大声地喊叫，希望她在场上形势对本方球队不利的时候能够帮助队友一起走出困境——能够自信地与队友就球场上发生的情况和队友在比赛中看不到的情况进行交流。

大龄的前卫

"年龄是无关紧要的。它只是一个数字，不是一个身体特征。你不会永远年轻，但你可以变得更好！"这是我想要传达给一位法国足球运动员的信息。他当时在法国一个较低级别的联赛中踢球，开始感受到职业生涯很漫长。他觉得很累，有些精疲力尽，但他又觉得自己还可以继续征战几个赛季，不想放弃！

为了帮他焕发出新的活力，也为了让他有机会进入一线球队，我们一起制订了一套如下的训练方案。

做什么？ 定位球大师——加强禁区外传球和直接任意球的准确性与力量（让自己成为队里不可或缺的宝贝），目前是 7 分，球的运行轨迹不稳定，进球不够多。希望得到 9 分。

怎么做？ 每天的训练结束后，追加将 30 个球踢入禁区的练习，再做将 30 个球射入球门的练习。

做什么？ 移动速度——即使年龄大了，也要在比赛中保持较快的移动速度。目前是 6 分。需要做的就是保持在 6 分。

怎么做？ 与短跑教练合作，帮助自己提高奔跑速度。

做什么？ 每次比赛之前都要做好充分准备。目前是 8 分，很好，但是还应该包括一些心理技能的准备，以帮助自己更稳定地进入适宜的心理状态。

怎么做？ 在每天的训练方法中加入内心演练和内容想象。用这些方法来"了解"在场上比赛时对手带来的各种挑战。

过了两年，这位中场球员退役了。在我们一起工作的两个赛季里，他严格要求自己，每月更新训练方案。他传出的致命球越来越多，同时还保持了奔跑速度。我们一起进行了大量的心理训练，帮助他保持思维的敏捷性与视觉的敏锐性。他自己对这种心理训练也非常认真。我在他 34 岁时加入他的足球之旅，我对他的印象是他仍然对参加比赛充满激情，对竞争充满激情。通过练习，他发现自己仍然有能力不断提高——他也确实做到了！

确信自己的能量

你具备完善自我的能量。这种能量就在你的体内，它会帮助你去完成一场在你阅读本书之前似乎不可能完成的精彩比赛。

你可以将足球比赛分解成不同的要素，然后进一步将这些要素细化为你想要构建或改进的特定环节。

你可以有多种选择。但是，我建议你从头开始。你可以与你的教练交流关于你在比赛中表现的看法，可以征求队友以及观看你比赛的朋友们的意见，可以向那些水平更高、表现更稳定的球员学习，还可以去畅想下个月或下个赛季自己变得"更好"会是什么样子。

你一旦完成了"对标一个更高的层次"，对自己有了一个客观的评价，并且找到了相应的解决办法，就可以制订训练方案了。那些冠军球员们往往会压缩他们的关注重点——他们知道凡事不可能毕其功于一役。既要有智慧，更要有耐心！只要每个月向前进3步，你的足球生涯就会有一个振奋人心的未来（无论你想达到什么水平）。

对标一个更高的层次和制订个性化的训练方案的重要性是不言而喻的。但是，你取得进步的最大决定因素是你训练的质量和效率，第4章将解释其原因。

技能三

制订个性化的训练方案，每月前进一小步来实现在比赛中高水平发挥的梦想。

第 4 章　针对性训练

什么是伟大？伟大不是在舞台的灯光下实现的，不是在一个挤满热情球迷的体育场内实现的，不是在四分之一决赛、半决赛、决赛中实现的，也不是前锋将球射入球门或者守门员在门柱附近把点球扑出时实现的。

伟大是一件私人的事情。它是秘密地完成的，是远离公众的视线而在相对安静的训练场上完成的。

伟大是通过日复一日的抢圈练习来实现的，通过控球来实现的，通过强化练习来实现的，通过小场地比赛实现的，通过练习阵型和比赛模式实现的。

伟大并不是在比赛当天造就的，而是基于你每次的训练课。我完全相信高效练习的力量。我相信每个人都能变得更好，每个人的潜力都像无底洞一样，我相信你可以挖一个这样的洞，并且将它挖得越来越深，以达到世界级的训练水平。

没有人会知道你能把足球踢得多么好。但我们知道你的训练质量是决定你在一场比赛中表现如何的重要因素。事实上，我认为你训练的质量和效率是你取得进步最重要的决定因素。

你训练的质量和效率是你取得进步最重要的决定因素。

你在提高自己足球比赛表现的道路上已经迈出了一大步。你已经完成"对标一个更高的层次"的准备，对自己进行了全面分析，并且制订了一套个性化的训练方案。事实上，你已经成功了一半！接下来，你需要将你的训练方案付诸行动，但这并不是一项轻松的工作。

大多数足球运动员都希望自己不断地取得进步。他们有变得更好的激情，他们的训练强度与训练动机相匹配。他们带着取得进步的决心参加训练。但是，想变得更好和如何变得更好是两码事。大多数球员都想这么做，并试图这么做，但很少有人知道应该怎么去做。

提高比赛能力极具挑战性，而且非常困难。在我与足球运动员共事的 15 年里，我发现很多球员在训练中都难以获得那种能帮助他们最大限度地发挥自己天赋的训练效率，从而阻碍了他们成为最好的自己。

我发现有很多足球运动员都被困在同一个水平，他们觉得自己的比赛能力很难再提升。所以，你要充分利用训练方案去发掘自己无限的潜力，当然这也意味着你将要付出更多的努力、更多的能量和更多的注意力，而这些可能正是你在过去的训练中所缺乏的。从今天开始必须做出改变！明天一定要有所不同！你未来的训练课必须提高质量与效率！

如果你想要成为最好的自己，就要相信练习的力量。你也要相信你花的训练时间会让你在同龄人中脱颖而出，并帮助你打造卓越的个人品牌。

有意识地追求卓越

从科学的角度，我们知道一名普通的足球运动员通过学习就可以变得优秀。研究表明，如果我们能够选择正确的方式进行训练，就可以掌握某一种技能，这种技能会使我们的比赛能力提高两倍、五倍、十倍甚至更多。你可以学习实现自己在比赛中高水平发挥梦想的方式，让自己比当前做得更好。

注意，想要成为最好的自己的关键是"**选择正确的方式进行训练**"。很多足球运动员不知道如何有效地进行训练，他们就好像被固定或捆绑在当前的竞技水平上。他们不知道如何提高自己的竞技水平，也不知道如何才能变得更好。

你想要提高比赛能力，就需要具备强大的意志力和自律能力，需要付出巨大的精力和努力，需要专注于细节。你恐怕不太可能做到"只要昂首阔步进入训练场，就能以曲速级为 10 的速度奔跑"[①]，也不能指望"只

[①] 曲速是一种存在于理论中的超光速的衡量速度的单位，出自美国科幻片《星际迷航》。曲速级最大为 10，实际上达不到。用在这里是形容奔跑速度极快，是一种幽默的表述。——译者注

要进入训练场自然就能变得更好"。

你一旦制订了一套训练方案，就必须有意识地去落实方案，有针对性地进行练习。你还必须仔细思考，有条不紊。

你必须有足够的勇气去探索在平时比赛中你没有使用过的技术动作和身体姿势，大胆地去冒险。例如，在某个场合，最安全的选择是简单地将球踢出去，而你却做了一个把球挑起来让它从对方头上穿越的过人动作；或者在某一时刻，眼看就要失去控球权，你却踢出了一个距离超过 40 码的横传球。

要想不断提高比赛能力，你必须勇敢、大胆、自信、坚定、果断，必须有针对性地练习。

针对性练习

有太多的足球运动员习惯于机械式的训练。他们总是犯同样的错误，固守着那些令他们停滞不前的习惯和模式，所以，日复一日、月复一月、年复一年，他们永远停留在原来的技能水平上。

你既然已经制订了一套个性化的训练方案，就应该确切地知道自己需要做什么。现在，我要你把机械训练的按钮关掉，在没有后备电源和制动器帮助的情况下进行训练，你要进行针对性练习。

针对性练习就是有目的的练习，是为了训练而进行的训练，也不是所谓的刻意训练，而是一种在心理上有一系列目标的训练（将你的训练方案作为关注的焦点），是一种改善你的弱项、放大你的强项的训练。针对性练习不一定是为了追求完美，但肯定是为了追求卓越。

针对性练习就是要让大脑转动起来，让大脑有一种应接不暇和不舒服的感觉。这就要求你远离自己的舒适区。你认为是什么感觉？为了帮助你回答这个问题，我想向你介绍针对性练习方法的 4 个组成部分，即兴趣、强度、内化和整合。接下来，我们逐一进行分析。

（1）兴趣

针对性练习是有趣的，它能够抓住你的注意力，将你吸引进去，然后将你粘在那里。

兴趣会提高专注的程度。大脑不断地扫描周围的环境，寻找可以锁定的东西——它会把你的目光和注意力紧紧地锁定在你感兴趣的细节上。你所选择的任务必须是你感兴趣的，并且对你来说也是很重要的。如果你要集中全部的注意力，就必须找到对提升比赛能力具有重要意义的具体任务。这是因为大脑改变的过程是从提升注意力开始的，而且技能提高的过程也是从提升注意力开始的。

在你进入训练场进行练习之前，请先看看你的训练方案。静静地坐在更衣室的角落里拿出你的训练方案，先认认真真看一遍，然后在头脑中想象其中的每个细节。

认真审阅、想象细节，认真审阅、想象细节，认真审阅、想象细节，……

还有一些更好的方法，比如将训练方案写在手背（守门员可以写在手套上）、手掌或手腕等任何可以看得到的地方，这样你就可以把你的比赛改进计划直接带到训练场上。

我曾在一家英超俱乐部工作多年，曾多次让青年队的球员在手腕上缠上医用胶带，并让他们在胶带上用大号粗体字写上自己的训练方案。我要求他们时不时地看看自己所写的内容（包括在正式比赛、训练和小场地比赛的时候）。我希望他们每隔几分钟就在脑海中强化练习的目的——进步、提高、学习。

训练方案可以帮助你提高练习的兴趣。我经常发现一些在比赛场上磨炼了几个赛季的足球运动员，不管他们的水平如何，在训练中也会感到无聊。他们会变得心不在焉，大脑不在工作状态，停止了场上的学习过程。而一套训练方案就能让你集中注意力，让你意识到你当前的比赛，包括技术、战术、心理和体能的每个要素。正如你练习的那样。

如果你想成为一名优秀的足球运动员，没有什么比兴趣更重要的了。

（2）强度

针对性练习执行起来是很艰难的。它会拉着你、推着你走出你的舒适区。它对你有更高的要求，就像一个内在的声音给你注入能量，嘶吼着催你"前进"。

强度不仅仅是指刻苦地训练，还应该是高质量的训练。强度要求球员不断地追求卓越。如果你在训练方案中强调改进身体姿势，就需要在整个训练过程中始终保持正确的姿势；如果你想在一场比赛中射进更多的球，就需要改变多余的触球动作习惯，或者不受传球的诱惑而更多地射门（无论你在场上的哪个位置）。

你在训练中迫使你的注意力高度集中时，会消耗大量的葡萄糖。葡萄糖可以帮助你在训练时集中注意力和保持警觉，然而针对性练习会消耗掉这些物质。针对性练习需要大脑的能量，但能量也会衰竭。我经常对球员们说，在训练之后，比起心理上的疲劳，身体上的疲劳算不了什么。大脑的快速运转对身体和心理都会产生极大的消耗。针对性练习是很艰苦的。

对雄心勃勃的足球运动员来说，强度应该意味着专注。准备好你的训练方案——让它每一秒都运行良好。如果你正在致力改进自己发现空当的跑位能力，就要专注于你当前所处的位置，并且发现空当，然后通过预判比赛的进程直接插入到空当。

如果你正致力更加主动地在更高的高度接住对方的冲吊球，就要将注意力集中在起跳时机上，尽可能地跳高些，毫不犹豫、干净利落地接住球。

如果你想有效地阻止对方的冲吊球，就将注意力集中在尽可能地给对方的边锋增加传球难度上，让其难以轻易地起球。

专注、集中、全神贯注，这些都是你在训练课上按照训练方案练习时应优先考虑的。如果你想提高自己的足球运动水平，就必须进行高强度的训练，必须让大脑保持高速运转，这样才能一步步地接近你的足球梦想。

（3）内化

你对足球的兴趣体现在了你随时会看那套实用的训练方案，你也集中注意力执行这套方案，但你还是要让自己变得更好！怎么做呢？那就是通过内化你的外部行为。

针对性练习需要思考，它绝对不是没有判断的行为。"就这样做"的态度和心理更常见于比赛当天。在训练中，你应该不断检查你的练习：

- "我保持了正确的身体姿势吗？"
- "我是否处在正确的位置？"
- "我今天的进球比昨天多吗？"
- "我在应对角球和任意球时，起跳时机把握得更好吗？"

在针对性练习中，从一开始你就应该对你的训练方案进行评估，评估你的行为反应和完成的跑动。

因此，我所说的"内化"就是对你当前的所作所为做一个判断。我希望你在练习的时候能挤出一点时间来问问自己，你的训练方案执行得如何？

- "我能做得更好吗？"
- "我能更投入地做这件事吗？"
- "我是否一直保持着专注和兴趣？"
- "我这样做会无懈可击吗？"
- "我能进一步地拓展自己吗？"

你必须意识到自己的行为表现，它们是否与你想要实现的目标相关。你必须定期地进行自我检查来确认自己的表现——你是否足够努力，是否在拓展自己的舒适区，是否在坚持执行训练方案？

改进就是在你提高自己技能的过程中产生的，这就是学习的感觉，你确实是在训练，但是你的心理和身体是否真正投入其中呢？你真的是全身心投入吗？你真的是在认真执行训练方案吗？你真的是在拓展和扩大自己的技能范围吗？

你对以上问题绝对不能妥协，必须对自己有更严苛的要求！我估计大多数球员没有尝试过这种内化的过程，这就是他们不能变得更优秀的原因。所以，你应该与众不同，你需要不断地改进和提高！

（4）整合

你在听吗？你听到教练说什么了吗？你是否有足够的勇气和胸怀去倾听队友对你比赛表现的看法？

这些问题涉及到针对性练习的最后一个组成部分——整合。你必须把你的练习与其他人的反馈意见整合起来，特别是教练的反馈意见。

反馈是学习的基础。因为你自己看不到自己训练的问题，所以你需要别人的意见，需要他们给你的专业意见。

千万不要把别人对你的反馈意见看作是消极的东西。不管是来自教练的还是来自队友的，你对他们反馈意见的态度必须简单明了，而且要严肃认真："他们是在帮助我、纠正我，是在支持我学习做一名优秀的足球运动员。"

反馈意见可以帮助你对自己的比赛表现有一个明确的认识，帮助你知道"身体姿势不对""传球的选择不对""需更贴紧对方前锋"。

把认真聆听别人反馈意见的态度带到练习中去是非常重要的，同样还要"享受"别人的批评和指正。作为一名足球运动员，你的未来取决于知识、智慧、诚实和与他人的沟通。

你如果选择去"享受"别人对你不足的评价，就可以从这种诚实的评价中得到提升。当你吸收了别人的知识，你就能进步。你要培养一种没有极限的态度，当你表现出这样的心理时，你就能进步。

你训练的质量和效率是你取得进步最重要的决定因素。

我不会觉得这种信念有什么不妥。当我与来自世界各地的数百名运动员合作过之后，我知道这句话是正确的，而且对每名足球运动员来说也是适用的。

例如，对于业余球员来说，他们有一份朝九晚五的工作，踢球只是出于兴趣，但他们也渴望模仿在电视上经常出现的偶像。对于大学生球员来说，他们都可以达到自己想要的高度，只要他们想达到那个水平。对于低级别联赛的球员来说，他们在比赛中会碰到高级别的球员，因此需要磨砺自己，去探索自己到底多么优秀。对于国际球员来说，他们要找到微小的进步来赢得更多的出场机会。每个球员都是这样！

技能四

你训练的质量和效率是你取得进步最重要的决定因素，你要进行针对性练习。

第 5 章　雷切尔与她的 "赛车道"

雷切尔·扬基是英格兰女子足球队队员，在她创造代表国家队出场126 次的纪录时，她的脑子里只有一个念头——专注！2013 年 6 月 26 日，英格兰队对阵日本队，这位阿森纳女前锋即将成为英格兰历史上代表国家队出场次数最多的球员，但是她仅仅专注于当前的比赛，专注于自己期望中的跑位与冲刺，专注于得分和助攻，专注于尽力去成为最优秀的球员和最好的团队伙伴。

雷切尔·扬基这种心理上的坚韧在她很小的时候就具备了。25 年前，雷切尔·扬基是一个 8 岁的女孩，她喜欢上了男孩们玩的足球，但她并不认为这是一项由男性主导的运动项目。"一个球、一片场地和踢进几个球而已，这有什么难的？"她那时就下定决心要踢足球，她确实也这样做了。

当她的小伙伴们决定加入当地的一家男孩足球俱乐部时，她想出了一个计划。她剃了光头，给自己起名叫雷侬（Ray，她的全名 Rachel Aba Yankey 的第一个字母缩写）。她伪装成一个男孩去踢球。

她侥幸地度过了大概两年的时间——作为一名青少年，可见她当时的表现非常出色！她看起来并不是特别出众，没有发达的肌肉，奔跑的节奏和速度也不是很快。她和男孩们一起经历了很多次训练课，其中有很多男孩的身体都很强壮、脚步很轻快，但她总是能跟上他们。

她不是男孩的事实最终还是被人发现了。随着她的伪装暴露，她不得不离开球队而去了一支女子足球队。不过，正是这段早期与男孩们一起踢球的经历，为雷切尔·扬基的足球生涯提供了一个完美的平台。这段经历塑造了她的比赛能力、足球技术和心理韧性。

一个叫雷依的女孩

雷切尔·扬基在8岁的时候可能不了解脑科学，但是她要和男孩们一起踢足球的决定却对她未来的生活和职业产生了深远的影响。

我们可以想象一下，一个8岁女孩的足球生活，她需要努力地跟上同龄男孩们的训练与比赛节奏，其中许多人比她跑得快，身体比她强壮。她必须学会在被阻截时敢于冲上去对抗，因为畏缩是一种耻辱性的失败；她必须抬起头来让自己的视野更开阔；她必须领先一步来适应比赛的节奏；她必须学习一些身体姿势，比如护球、接球的姿势，并在传球时展现出自己的存在感。雷切尔·扬基与同龄男孩而且很多都是比她个头大、身体壮、跑动速度快的男孩的比赛和竞争，帮助她塑造出了一个令人羡慕的"足球大脑"。

在《打造足球大脑：学习英超球员的心理策略》中，我讲述了前女王公园巡游者足球俱乐部前锋凯文·盖伦（Kevin Gallen）的故事。凯文经常与他的哥哥们一起训练，在足球场上的练习时间难以计数，从而创造了一场媲美英超联赛的比赛。当凯文和他的哥哥们在公园踢球时，他不断地在身体和心理方面突破自己的极限。正是这种经历提升了他的足球视野和足球技能。

正如凯文一样，雷切尔也是将她与男伙伴们在公园里踢球算作她代表国家队出战的起点。她在少女时代所经历的严苛环境塑造了她强大的内心世界，也呈现了一个冠军的外在特征。

你的大脑

你的内心世界就像地球上的一座城市。电为城市提供能量，促进了城市的繁荣。发明电的作用就是不论白天还是晚上，人们都能持续工作。

大脑是一台不可思议的机器，比任何电脑都强大。它可以在任何时间让一个25瓦的灯泡发光。在你的一生中，大脑会保留多达1000万亿比特的信息。它有数万亿个微小的连接，这些连接影响着你的行为，决定你的思维，塑造你的生活。你之所以是你，是因为这些存在于你的大脑中的数十亿个细胞之间的连接。

你之所以成为足球运动员，也是因为这些连接。

当你每次学习新的事物时，都会激活不同的脑细胞，这些细胞之间建立新的连接。例如，在你踢球的时候，脑细胞已经连接在一起，让你能够以自己的方式踢球，并尽可能快地评估你在球场上的表现。从本质上说，你的大脑内部结构是你的足球能力的物理表征。你的"足球大脑"就是你的足球比赛能力！当你学习一项新技能时，脑细胞会建立许多新的连接。相应的，你的大脑也会改变它原有的结构。

脑细胞建立新连接的过程是足球技能发展的核心。大脑网络非常强大，大脑中存在的连接可能比宇宙中的星星还多。信息以每小时 268 英里（约 431.3 千米）的速度穿越这些连接，使我们能够有效地进行思考和反应，并做出适当的动作和行为。改进和提高你的足球技能就是在你的大脑细胞之间建立一个新连接的简单过程。现在，脑科学已经告诉我们，大脑可以在人的一生中不断建立新的联系（学习）。你年轻的时候学习会很容易，在整个成年期继续学习仍然有可能。因此，无论你的年龄多大，你都可以提高自己的足球技能，都可以学习和掌握新的技术和战术。

当雷切尔·扬基过去和男孩们一起踢足球时，她的大脑中建立了数十亿个微小的连接。因为足球世界充满挑战，她的脑细胞所建立的连接变得非常稠密，其传导也非常快捷。她的进步也就越来越快！为了跟上同龄的男伙伴们，她每天都在升级自己的"内部电脑"。而要发现那些能够帮助她在竞争中不落下风甚至战胜对手的技术和技能，她不得不去做一些新的尝试，不得不磨炼，不得不尽可能有效地进行练习和训练。这也使她走上了追求卓越的大道。

追求卓越之路

我通常会使用"道路"这个生动的类比来向足球运动员解释大脑细胞的连接过程。

当你开始学习一项新技能时，细胞之间的连接是微弱的。在这个阶段，你是在修筑一条小路（想象一条狭窄的、杂草丛生的乡村道路），细胞之间的信号传递是缓慢的（毕竟，你不能驾驶一辆赛车在狭窄的小路上飞驰，只能沿着这样的小路蹒跚而行）。

学习和掌握一项新技能是具有挑战性的。在这个过程中，你还必须认真思考你在做什么。

当雷切尔开始和她的男伙伴们一起比赛的时候，她的"足球大脑"就出现了不同的"小路"：有传球的"小路"、有射门的"小路"、控球的"小路"……

经过一些练习之后，你的这些"小路"会变得越来越宽，并开始形成"大道"。这时，信号也变得越来越强，速度也越来越快。相应的技能也开始进化——你会觉得动作越来越自然，感觉越来越舒服。你也不会再有过去别人强迫你用不熟练的手来写字那种别扭的感觉了。

随着雷切尔和她的男伙伴们一起越来越多地训练与比赛，她大脑中的"大道"就开始形成。她每次在与同伴们结束几个小时的练习时，她就发现自己的比赛能力又有了明显的进步。她的"足球大脑"在发育，她的足球技能也在提高——视野更宽广，技术更多样，触球更快捷，预测更准确。

只要你坚持练习，你在比赛中使用新技术就会变得习以为常，而且自然、实用且高效。在这个阶段，你已经将原来的"大道"变成了"高速公路"。大脑中的连接更稳固（想象一下加固的高速公路），速度更快捷（想象一下高速公路上的限速）。

通过与更高大、更强壮的球员一起踢球，雷切尔的技术提高就这样被"逼"出来了。踢球就得动脑子，否则就会丢球。比赛时心里必须想着选位和跑位，否则永远得不到球。在与男队员一起踢球的过程中，她学会了解决困难的办法。同时，她扩展了自己的视野，提高了自己对空间、移动和预测的意识。在公园踢足球的经历为她建立了一系列的大脑连接，这些连接使她的"小路"升级为"高速公路"。

世界上优秀的球员们在大脑中都构筑了相应的"赛车道"。他们通过练习和训练已经在大脑中建立了很多稠密且封闭的连接，信息能在这些脑细胞间迅速传递。因此，在比赛的每一个环节，他们都有这种快速的连接——抢断、传球、射门、位置意识、接球（对于守门员）和控球，等等。这就是为什么他们总是能将复杂的情境简单化的原因。

从十几岁到二十几岁这个阶段，雷切尔开始是为阿森纳女队（Arsenal Women's Team）效力，然后是为英格兰国家队（England International Team）效力。她的大脑连接开始变得更加稠密，信息像闪电一样在网络中迅速传递。这确实需要一些时间，但是她的大脑已经形成了自己的"赛车道"。

从乡间小路开始，然后是普通大道，再后是高速公路，最后是赛车道。你现在的足球技能处在哪个水平呢？

我喜欢"道路"这个类比，因为在我看来，它不仅揭开了学习这门艺术的神秘面纱，而且还展示了改进或提高的可能性。我讨厌那种认为自己的技能将永远保持不变的想法。我想强调的是，球员要有不断学习、发展和进步的想法。我也在前文介绍了有关脑科学的知识，尽管很简单，却能够使我们相信所有人完全可以将自己的雄心壮志变成现实。你可以成为一名有更高技能水平的足球运动员，可以掌握更多的战术知识，可以在比赛中不断提高战术水平。

但是，并不仅仅因为你"能"就意味着这很容易。雷切尔将"小路"变成"赛车道"并不是轻而易举得到的，对哈维、加雷斯·贝尔（Gareth Bale）和伊布拉希莫维奇（Ibrahimovic）来说也是如此。

千万不要因为我这个简单的"道路"类比让你误以为进步会很容易。将"大道"升级为"赛车道"需要的不仅仅是努力。有人说"重复是技巧之母"，但我认为重复只是技巧的"潜在之母"。在脑细胞间建立有效连接的过程中，起决定作用的是练习质量而不是练习数量。反复阅读前面几章是非常重要的，这样你就能复习你的训练方案，有目的地做好练习的准备，进行针对性训练。高质量、专注的练习才能在大脑的细胞间建立必要的连接。

必要的连接

你制订的针对性训练方案帮助你的大脑细胞间建立了有效的连接，帮助你掌握了相应的技能，同时也提高了战术执行能力。当你训练时，你必须将训练方案牢牢地记在自己的脑海中，然后专注于针对性练习的

4个部分，这样才能改变你的大脑，并最终提升你的比赛表现，让你变得更优秀！现在回想一下这4个部分：兴趣、强度、内化和整合。

为了帮助你的大脑细胞间建立必要的连接，我想让你在训练过程中执行训练方案时尝试一下可视化练习。也就是构想因大脑细胞间的连接而慢慢建立和形成的影像。随着你的练习越来越多，想象你的"小路"变成了"大道"，然后再提升为"高速公路"。接下来在你的脑海中浮现你的大脑细胞以闪电般的速度放电的画面，细胞之间的连接变得越来越稠密、越来越强大，最后你的大脑逐渐有了自己的"赛车道"。

• 每一次触球，你都在创造自己的"赛车道"；

• 每一次奔跑，你都在创造自己的"赛车道"；

• 每一次你抬起头，环顾四周，你都在创造自己的"赛车道"；

• 每一次你对自己观察到的场上形势做出快速反应，你都在创造自己的"赛车道"；

• 每一次传球，你都在创造自己的"赛车道"；

• 每一次接球，你都在创造自己的"赛车道"；

• 每一次抢断，你都在创造自己的"赛车道"；

• 每一次用力跳跃，你都在创造自己的"赛车道"。

你拥有无限的潜能，能为自己制订个性化的训练方案，知道如何进行针对性练习。接下来，为你的足球比赛创建自己的"赛车道"！

技能五

为比赛的每个环节创建自己的"赛车道"。

第 6 章　追上罗纳尔多，赶上史密斯

让我说得更清楚些。

我并不是说每一个读过本书的人都会捧起大力神杯、参加欧冠联赛、成为职业球员、获得大学奖学金，或者代表所在的县或市的球队参赛。我不是这个意思！一个人在美好的比赛中能走多远取决于很多因素，其中一些是你根本无法控制的。

有些人拥有不可思议的能力，却因各种原因而半途而废，如受伤、生活的干扰、缺乏机会、因不合适的时间而导致没有上好的表现，有时纯粹就是因为运气不佳！

这些年来，我遇见过许多足球运动员，并与他们共事。他们表现出令人难以置信的身体能力，投入了巨大的精力，并且在心理上也积极进取。但是，他们却在一个不合适的时间里受了伤，或者当他们有机会在万众瞩目下达到自己的巅峰时刻却表现不佳。

足球事业上的成功，正如人们的生活一样相当复杂，不是轻易就能实现的！

但是，我还是要告诉你们一些我认为很简单的事情。在我看来，有些事没有商量的余地，那就是：足球运动员必须去追逐自己的足球梦，拓展自己的舒适区；足球运动员必须坚持不懈地拓展自己身体的极限；不想当世界冠军的球员就不是好球员，无论是谁，也无论现在处于什么水平，每个球员都必须向更高的水平看齐。只有这样，足球运动员才能知道自己到底有多么优秀！

男子球员必须去追赶罗纳尔多，学习他的意识、第一次触球、足球

智慧、职业道德、头球、无球跑动和传球。男子球员必须去努力获得年度"世界足球先生"——那是何等风光！那是什么感觉？罗纳尔多在球场上是怎么想的？罗纳尔多在看什么？罗纳尔多是如何规划他的下一步跑动的？

女子球员则必须去追赶史密斯——凯莉·史密斯（Kelly Smith）[①]，她是英格兰女足历史上最伟大的球员之一。她的力量、控球、预判、渴望、射门，代表英格兰国家队出场超过100次——那是何等风光！那是什么感觉？史密斯在球场上是怎么想的？史密斯在看什么？史密斯是如何规划她的下一步跑动的？

男子球员必须努力追赶罗纳尔多，女子球员必须努力追赶史密斯。每个足球运动员都必须努力追赶精英球员，努力成为世界最佳球员。

努力拼搏，奋力追赶阿比·万巴赫（Abby Wambach）、亚亚·图雷（Yaya Toure）、克里斯蒂娜·辛克莱（Christine Sinclair）、加雷斯·贝尔、路易莎·内西布（Louisa Necib）……

努力拼搏，奋力追赶曼努埃尔·诺伊尔（Manuel Neuer）、娜丁·安格勒（Nadine Angerer）、文森特·孔帕尼（Vincent Kompany）、玛塔（Marta）、菲利普·拉姆（Philipp Lahm）……

精英球员看到了什么？他们是如何提高自己的足球技战术水平的？距离对他们来说意味着什么？他们付出了多少？他们在比赛时是如何进行自我对话的？他们热身时在想什么？什么样的强度能让他们发挥出最好的水平？他们是如何进行赛前放松的？

你的未来足球生涯很可能取决于你自己提出的关于你的偶像的相关问题的质量，同时也取决于你根据自己的比赛现状对相应问题给出的答案。

努力拼搏，奋力追赶！

---

① 凯莉·史密斯，1979年出生于英国，是英格兰女足的当家球星。她的职业生涯相当辉煌，是英格兰首位职业女球员，曾经效力于美国职业足球大联盟，并与中国球员赵利红成为队友。虽然史密斯因为受伤而在美国职业足球大联盟效力的时间很短，但是这并不影响她成为最受欢迎的运动员之一。史密斯自2005年从美国回国后，帮助所效力的阿森纳队获得了联赛冠军、欧洲俱乐部冠军等荣誉。在英格兰国家队，凯莉·史密斯同样风光无限，她是英格兰队内的第一射手。在2007年中国上海女足世界杯比赛中，史密斯带领英格兰队获得第6名，个人名列射手榜第4位（攻入4球），并入选最佳阵容名单。——译者注

看到可能性

每个人都能成为罗纳尔多、凯莉·史密斯或其他世界级球员吗？可能不会。但这并不意味着你应该放弃成为顶级球员的努力，不意味着你不用去尝试。当一个足球运动员把自己的梦想和抱负放在首位时，每天都会为自己的进步感到惊讶。

每个优秀的足球运动员都可以在自己的比赛中看到这种可能性，也可以在其偶像的比赛中看到这种可能性。他会认真观察，模仿和学习，实现赶超。他会认真观察自己的偶像——一个水平比自己高很多的、踢相同位置的球员，他会用偶像的比赛表现来严格要求自己。

一个守门员注视着德国守门员曼努埃尔·诺伊尔（Manuel Neuer），看到了诺伊尔有力的起跳，跳跃的时机堪称完美，并高高地越过了对方的前锋。他看着诺伊尔接到球并紧紧地抱在怀里，就像抱着一个新生的婴儿，就像是自己的孩子，就像是这个球只属于他，而不属于其他任何人。

这名守门员决定要向诺伊尔学习，学习这个伟大的守门员精湛的空中接球技术。然后，这名守门员奋力去追赶，他将自己的注意力牢牢地集中在诺伊尔完成接空中球的技术动作和移动上。

你必须努力拼搏，奋力追赶。

如果你是一名女子球员，司职后卫，你可以去观察美国女足世界杯冠军队球员阿里·克里格（Ali Krieger）的比赛。

仔细地观察她，目不转睛地看着她。看她所处的位置、她的移动、她是如何观察对手和球的移动的，以及她是如何做完美的铲球动作等。专心看、目不转睛地看。

男子中场球员则可以去观察来自德国、效力皇家马德里队的球员托尼·克罗斯（Toni Kroos）。看着他，目不转睛地看着他，看克罗斯展现出的力量、移动、意识和定位，看他表现出的意志、信念、信任和自信。仔细观察，目不转睛地看。

作为一名足球运动员，你的大脑中呈现和思考的东西对你的进步有非常重要的影响。这是因为你大脑里有一面镜子，你在观看这面镜子的时候，你也在塑造你的大脑。如果你的眼前能闪现出一个强大、卓越的形象，就表明你开始将你的偶像球员的比赛刻在自己的大脑当中。

仔细观察，目不转睛地看，然后努力拼搏，奋力追赶。

冠军的想象力

那些在每天的训练中都力求超越自我的足球运动员不仅会掌握顶级球员的特殊技能，还会描绘出一幅心理蓝图。这幅心理蓝图将帮助他们有效地管控与足球运动相关的各种情绪。

我曾经接触过一些青少年球员，他们因为身材不够高大或强壮而被U12年龄组球队淘汰。我也曾经与一些英超学院的球员们一起工作，但他们后来离开了那所学院，因为教练组看不到他们在顶级联赛中的光明未来。我也曾与一些业余球员共事（他们完全是为了兴趣而比赛，但在比赛中却特别认真），他们犯过严重的错误，要么是失去了得分机会，要么是直接让对方进球，从而导致他们的球队降级或输掉了比赛。

我给他们传递的信息始终是不管怎样，要努力拼搏，不断地努力追赶！没有什么事，也没有什么人能阻止你进步！没有什么事，也没有什么人能让你不再专注开发自己无限的潜能！

足球训练和比赛中总会有一些说不清楚的事，会出现各种各样的失误，如乌龙球被判有效，许多绝佳的机会被白白浪费了。但是，你无论如何还得去努力追赶！

英格兰男足前锋卡尔顿·科尔（Carlton Cole）在他的职业生涯开始走下坡路时也正是这样做的（在《打造足球大脑：学习英超球员的心理策略》中，我曾介绍过我与卡尔顿·科尔的合作）。当卡尔顿成为西汉姆联队预备队的一员时，他看到自己从一个在切尔西一线队中很有前途的年轻球员沦落到每一场比赛都在苦苦挣扎的前锋时，他感觉自己要做出改变！

卡尔顿决定要奋起直追了。他每天都去健身房进行体能训练，经常与时任西汉姆联队的经理奇安弗兰科·佐拉（Gianfranco Zola）一起分析自己的比赛情况，每周与我交谈以改善自己的心理状态。每次训练课结束后，他还会抽出时间来增加技能练习。

仅仅几个月后，他的努力和付出就开始有了回报。他在西汉姆一线队中赢得了一席之地，开始不断地进球得分。甚至他在这个球队都没有待满18个月，就被选入英格兰国家队了。他在英格兰国家队的处女秀就是对阵当时的世界杯冠军西班牙队。

卡尔顿本可以选择放弃，可以选择在西汉姆联队预备队中消磨时光，看看他的职业生涯可能会发生点什么。但是，他并没有这样做！他决定奋力追赶，要看看自己究竟能做得多好！在我眼里，他创建了自己追求卓越的个人品牌——他真的成了冠军。

冠军级别的球员都会很好地平衡对当前比赛情况的认识与对未来比赛情况的期待之间的关系。他们用一只眼睛专注于当前，不管是在每天的训练中还是在每周的比赛中，他们都会尽自己的最大努力。同时，他们的另一只眼睛是望向未来的，去努力追赶他们的英雄、偶像、榜样，以及实现他们预想的未来。

无论在球场上发生了什么情况，你都必须坚持下去！无论比赛是输还是赢，你都必须坚持下去！你必须努力拼搏、奋力追赶！冠军队球员们正是这样做的，他们的坚持与努力使他们获得了金牌。只有努力拼搏、奋力追赶，你才能真正发现自己的潜能究竟有多大，才能真正发现自己究竟会变得多么优秀！

技能六

不遗余力，奋力追赶！

激励小结

你必须去训练，必须去比赛，必须在心理上认为自己的能力没有极限！

当你开始这样做的时候，你认为自己还会是以前的模样吗？你觉得自己会按照以上的要求去做吗？当你坚信自己拥有无限的潜能时，也会按以上要求的方式进行自我对话吗？

当你开始训练、比赛，并且认为自己拥有无限的潜能时，无论是在场上还是在场下，你都会表现得与众不同。你的自信心会迅速提升且不会下降；你的注意力会稳定下来，偶尔的分心也会迅速地恢复。负面情绪将一扫而光，你的毅力会越来越强大。

你必须去训练，必须去比赛，必须在心理上认为自己的能力没有极限！

*

要想成为最好的自己，你就必须对标一个更高的层次！

仅仅让自己沉浸在没有极限的心态中是不够的，你必须带着这种心态去生活、去呼吸、去睡觉。这意味着你需要对自己当前的比赛水平有一个长远的、严苛的和中肯的评价。首先得问自己一个尖锐的问题："更好的表现应该是什么样的？"然后再审视自己的强项，并向优秀的人学习——明天的冠军永远会向今天的冠军学习。

为你未来的比赛制订一个模板，开启你的成功之路。有想法是一回事，将你富有决心的想法完全付诸实践又是另一回事。要做自己比赛的学生，也要做他人比赛的学生，这是一种聪明的动机。你应该知道自己需要拓展哪些强项，也应该知道自己需要改进哪些弱项。

要想成为最好的自己，你就必须对标一个更高的层次！

*

为了实现个人卓越的目标，你必须制订个性化的训练方案，每个月迈出一小步来实现你梦想中的比赛表现。

你一旦对标了一个更高的层次，并且完成了相应的分析，就可以制订自己的训练方案了。训练方案是一个浓缩的关注点，是你个人状况的缩影，包括你在下个月的训练和比赛中要关注的细节。

其他运动项目的冠军们也是这样做的。他们会认真分析自己的比赛，并且找出每一个需要改进的环节，然后去训练场、比赛场或练习课上进行有针对性的练习或改进。

我希望你将这种方法用于比赛和训练，努力去执行，你会变得越来越优秀！要带着激情、明确的目标和追求完美的愿景去训练！

为了实现个人卓越的目标，你必须制订个性化的训练方案，每个月迈出一小步来实现你梦想中的足球比赛表现！

*

你的训练质量和效率是你的足球水平取得进步最重要的决定因素！

要自觉地去训练、有目的地去训练、有针对性地去训练。

在练习过程中，仅仅有强度是远远不够的。你必须掌控自己训练的主动权，将注意力集中在你希望提高的那些动作技能上。刚开始肯定会觉得不舒服，但是没有关系。进步的艺术在于把不舒服变成舒服；提高的艺术就是对某项动作技能进行反复练习，直到你能自动和自然地完成这项动作技能为止。

只有将专注、全身心投入、努力和不断打破舒适区这些因素相结合，你的足球水平才会提高。

你的训练质量和效率是你的足球水平取得进步最重要的决定因素！

*

为比赛的每个环节创建自己的"赛车道"！

你的大脑仿佛是为你的改进计划供电的电闸，你的内心世界是关于外在现实的一种反映。无论什么时候，只要你带着目标去训练，你的大脑就会变得更出色。你要不断地将大脑的连接从"小路"变成"大道"，然后升级为"高速公路"，最后变成自己的"赛车道"。

你的目标应该很简单——为比赛的每个环节创建自己的"赛车道"。按照你的训练方案，有针对性地为你的控球建立自己的"赛车道"，为你的跑位意识建立自己的"赛车道"，为你的奔跑建立自己的"赛车道"，为你的第一次触球、铲球和传球建立自己的"赛车道"。建造、建造，不断建造那些自己需要的"赛车道"。

为比赛的每个环节创建自己的"赛车道"！

*

要不遗余力，奋力追赶。

冠军总是渴望能成为最好的自己，同时也渴望越来越优秀。

如果你赢了，就要努力变得更好；如果你输了，就要努力变得更好；如果你被替换了，就变得更好再赶超他们；如果你正从伤病中恢复过来，就重新进入正轨变得更好；如果你即将结束足球生涯，就全神贯注地做得更好；如果你被俱乐部淘汰了，就打起精神变得更好；如果你有一堂糟糕的训练课，就改进方案将训练变得更好。

冠军总是渴望变得更好。他们有一种不断追求进步的愿景，这种愿景占据了他们的心灵，也点燃了他们的身体。

如果你输掉了决赛，那就重振旗鼓做得更好。如果你有一个令人震撼的表现，就继续努力做得更好；如果教练说"做得不够好"，就勤加练习做得更好；如果你的队友针对你，就解决问题变得更好；如果你没有获得奖牌，就完善自己变得更好。

为了自己梦想的比赛，要努力拼搏，奋力追赶，不停地追赶。

要不遗余力，奋力追赶！

准备篇

任何人都不能去强求一场伟大的比赛，如同不能强求在比赛中取得胜利一样。球员在比赛场上的表现，常常是由赛前的多个因素所决定的。你在比赛前的几天、几小时和几分钟的心理状态与你在比赛场上的心理状态同样重要。

充分的准备始于知识。你要知道自己必须做什么，才能使自己有最好的机会在比赛中达到自己的巅峰状态。在足球比赛中，你首先要在心理上战胜对方，然后再上场比赛。这没有任何捷径。你必须注重细节，关注每个具体的要求。细节决定成败！

足球运动员已经习惯了为比赛做身体上的热身准备。但我希望为你和你的足球比赛做更多的准备，我想让你成为世界上最擅长"心理热身"的球员，在比赛前调整好你对比赛的心理期待。我也希望你在合理地平衡紧张与放松关系的同时更加专注和自信。

在本篇中，你将学习以下技能：

• 增强自信，储备能量；
• 在赛前制订具体的个人计划；
• 做好场上自我管理的准备；
• 在头脑中清晰自如地想象；

● 制订一个比赛日的例行程序——创建和保持卓越表现的程序。

在本篇中，我将向你介绍一种不同的语言。很多足球运动员仅仅是痴迷于射门、控球和抢断，却对支撑他们持续发挥高水平表现的内在思维和态度缺乏应有的激情。我希望我的言语能变成你的激情。我想让你接受"能量条"和"信心条"的概念。我希望你能快速激活你的自我对话和身体控制器。我希望你每周都能给自己的"内部电池"充满电。我希望一些新的想法可以激活并不断地激励你，帮助你实现你的足球梦想。

接下来，让我们准备开始吧！

第 7 章　提升你的"生命值"

　　足球运动是一种感觉，是一种情绪、一种心境、一种能穿透你身体的感受，它更是一种环境、一种气氛、一种光环、一种身体本能。

　　当你的所有想法都是积极的、有益的和建设性的，你会觉得自己在场上不可战胜、坚不可摧。当然，在你越过白线走进球场时，有时你的感觉是消极的——情绪低落，内心想法是破坏性的。

　　足球运动确实是一种感觉，我希望你现在就来感受它。首先，将你自己放在足球场上你最中意的位置上；再加上一个球，加上你的队友和对方的全部队员；接下来开始比赛……

　　你要带着你希望体验的那种感觉参加比赛，带着专注的感觉比赛，带着自由的感觉比赛，带着投入与决断的感觉比赛。在比赛中体验思维敏捷、精力充沛、乐观向上、富有活力、机警灵巧和胸有成竹的感觉。

　　要让这种个人画面尽可能真实——当你在大脑中放映你梦想的比赛图像时，相应的各种感觉就会在你的头脑和身体中回旋。

　　继续观看这些图像，体会相应的感觉。让这些图像和感觉变得更突出、更逼真、更鲜明。如果你喜欢的话，还可以再配上一段音乐。

　　现在，我要你停下来！停止播放你的个人画面，让屏幕变黑。让你的大脑安静 30 秒，然后开始想象另一场足球比赛。这次，我想让你逆转在以上精彩想象中体验到的那些感受，要你回想一种你在过去某场非常糟糕的比赛中所经历的无助和破坏性的感觉。

　　接下来，我希望你无精打采地去参加比赛。你在比赛中表现得平平淡淡、情绪低落、慢慢悠悠、漫不经心、惊惶失措，同时还伴随着担忧、怀疑和焦虑的情绪；你感觉脚就像被粘在地上，自己的声音变得低沉，视野也变得狭窄。这完全是一种痛苦、恐惧和不知所措的感觉。

我让你去想象一个消极的比赛场景，并不意味着我不希望你得到一个丰富和生动的体验。我只是希望你能让自己的身体获得灵敏的感觉，并且将这种感觉刻在你的大脑和神经系统上。

要让你所有的想象都变得更突出、更逼真、更鲜明，即使是一些负面图像。作为一名足球运动员，你还必须学会认真地分析哪些细微因素会使你止步不前、哪些细微因素会助你一飞冲天！

脆弱的感觉

你的那些外部感受（如脚步的移动速度、动作的灵敏度、跑动的渗透能力以及寻找空间和利用空间的能力等），在很大程度上都受你比赛感觉的影响。

我和数百名足球运动员一起工作过，我认为影响球员表现的感觉主要有信心和能量两种。

在我看来，自信心就是一种感觉。回想你发挥得最好的比赛（或者接近最好的比赛）。毫无疑问，你很自信，想想你的这种自信从何而来？你在哪里能体验到这种自信的感觉？

当你在最好的状态下打开内心的图片库，我想你会发现自信传遍了你的全身。从头到脚，自信会在你的肌肉和关节中涌动。

• 脚部充满自信的感觉——敏捷性，就像你踩在滚烫的煤块上，但是你不想烫伤自己。

• 腿部充满自信的感觉——果断性，每一次传球都很到位，每一次射门都干净利落、充满力量。

• 臀部充满自信的感觉——机动性，能通过变向、移动调整正确的身体姿势来卡位、护球和传球。

• 腹部充满自信的感觉——确定性，每一个反应、每一个动作都是安全的、精准的。

• 胸部充满自信的感觉——力量感，充满渴望、决心和自律。

• 头部充满自信的感觉——专注性，眼睛在球、队友、对手和场地之间快速转动。

就像自信心一样，能量也是一种感觉。坚忍不拔是一种感觉，自我激励是一种感觉，在精疲力竭的最后 10 分钟还强迫自己向前冲也是一种感觉。足球运动员要**感受到**动力十足，**感受到**无比强大，**感受到**精力充沛。

当然，足球运动员也可能会感到无精打采，缓慢、迟滞、疲倦或懒惰。"我今天一点感觉都没有！"这是我最讨厌听到的一句话，但它却经常出现在我的耳边。这是足球运动员经常脱口而出的最具破坏性的句子之一，也是每个足球运动员都必须重视并需要解决的一个问题。

因为每一场比赛都需要能量，所以球员必须找到克服沉闷感觉的办法。这对任何一个运动项目的运动员而言都是勿庸置疑的，更不用说在对抗激烈的足球比赛环境里的球员。你在比赛中完成的每一个技术动作、每一个跑动都需要有充足的能量。

这种能量来自强健的体魄，而且你每时每刻的想法和行动又会进一步强化你的能量。睡眠不够，你会发现自己能量不足；吃了不合适的食物，你会觉得能量在不停地泄漏；过度训练也会使你的能量降低。

信心和能量是由多种因素合成的感觉，它们是由你如何引导自己的注意力、你向人们展示的行为所塑造的。下面我将介绍一个非常有用的技能，它可以帮助你为即将到来的比赛做好信心和能量方面的准备。

你个人的"生命值"

我们可以做一个简单而形象的比喻：

读本书的大多数人应该都玩过 Play Station[①] 或 X Box[②]。许多游戏都有一种像能量值或生命值之类的条形显示，以提示和监控你维持操作的能力或保持生命的能力。大多数基于动作或竞赛的经典游戏［如《街霸》（*Street Fighter*）］都有类似的指标来衡量你的游戏操作能力。

我希望你能够在你的足球世界中引入类似的"生命值"。我想让你

---

① 简称 PS，是日本索尼公司的著名游戏机系列，中文译为"游戏站"。——译者注

② 由美国微软公司开发并于 2001 年发售的一款家用电视游戏机。——译者注

想象你的下场比赛：你上场比赛的时候携带着两个"生命值"——一个是"信心条"，一个是"能量条"。

作为你准备比赛的一个组成部分，你要知道自己需要做什么才能将你的"信心条"和"能量条"提升至最高值。你也需要了解那些能够帮助自己尽可能地充满自信和能量的习惯与行为。

现在，我们再强调一次"信心条"和"能量条"的概念，接下来我们将探讨能够帮助你在比赛中保持"信心条"和"能量条"的技巧。现在，你开始思考你需要做些什么来打造你的"信心条"和"能量条"，这样你就能带着一种意气风发的感觉上场比赛，并且给自己一个在比赛中发挥个人最大能力的机会。

寻找你的"生命值"目标

在学习完本书之后，我希望你能够熟练掌握和运用你个人的"生命值"目标。我主要是想让你利用目标来强化你自己需要熟悉的想法和你必须经历的行为，从而将你的"信心条"和"能量条"提升至最高值。

现在，让我们来看几个事例。其中一些你可能很熟悉，而其他的将在本书后面进行介绍，所以不必着急！

"信心条"目标示例

- 每天花 5 分钟想象自己表现最好的比赛。
- 每次训练课结束后再罚 25 个任意球。
- 每周去健身房做 2 次力量训练。
- 每周与技能培训师进行一次"一对一"的培训。
- 每次训练课结束后都反思自己的强项。
- 在训练场上始终表现良好的肢体语言。
- 每周在视频网站上看自己偶像的视频 2 次。
- 每天看看自己的比赛计划。

- 如果在比赛中犯了错误，自己知道如何应对。
- 始终保持针对性训练。

"能量条"目标示例

- 每周去健身房锻炼 3 次，以最快的速度跑 5000 米。
- 每日补充蛋白奶昔。
- 每晚至少睡眠 8 小时。
- 每天保持积极的自我对话，一旦发现"蚂蚁窝"就迅速碾碎它们。
- 设定每月的目标，保持相应的动机水平。
- 在训练和比赛之外尽可能远离足球（保持心理上的新鲜感）。
- 赛前 2 小时补充适量的碳水化合物。
- 在头脑中尽快消除与队友发生的任何争执，自己与队友之间不要有任何负面情绪。
- 每天做 10 分钟的放松练习，始终保持头脑清醒。
- 比赛当天的上午保持身心放松，让思绪远离比赛，直到比赛开始前 2 小时。

做出你的选择

在上文，我已经为"信心条"和"能量条"各列出了 10 个目标示例。我希望你也尝试列出 5 个"信心条"目标和 5 个"能量条"目标。如果你正在为某 5 个目标努力，那么至少要完成 3 个目标，其余的你可以在以后的日子里继续努力。

你必须尽可能地明确你列的目标对自己的比赛以及你个人的重要意义。例如，一名成年的业余足球运动员如果要在县级或区级参加比赛，他可能会有一个每周最多摄入多少酒精量的目标，以增加自己的能量水平。这个级别的球员以及这个年龄段的球员，可能会有一个限制其参加其他比赛项目的目标来维持自己的日常能量。当然，对于那些不适宜进行专项化训练的青少年球员来说，尝试参加不同的运动项目和参与各种竞赛也可以增强他们的信心和能量。

我接触过的很多运动员都有与训练相关的"信心条"目标。在比赛当天，他们知道自己已经进行了针对性训练，而且带着自己的训练方案上场比赛，他们的自信心就会一路飙升。当他们在训练场上已经积累了足够的经验时，他们就知道自己能够在竞争激烈的比赛中很快地进入状态。

同样，与我共事的足球运动员也倾向于通过健康的生活方式和积极的人际关系来增强自己的"能量条"。他们力争使自己的体质比队友更强壮，获取的营养更充足，体格比参加比赛的其他任何人都好。而且，他们知道放松和恢复的价值和重要性，知道要在比赛当天保持充足的能量水平，需要有足够的时间远离足球——不仅是身体上的远离，而且还有心理上的远离。

提升你的"信心条"和"能量条"

哪 5 个目标能帮助你充满自信地上场比赛？又是哪 5 个目标能帮助你在球场上始终保持充足的能量？

你的笔记本上可能有很多目标。但是，我认为更好的方法是从中标出你认为最重要的前 5 项，并且确保它们是你坚持执行任务清单的一部分。

冠军之所以能成为冠军往往是因为冠军有很强的行动力——他们做了一些不为人知的事情，无论事情多么微不足道，他们每天都会尽心尽力地去做。正是这种行动力将冠军与那些只能完成几毫秒、一个要点或者单个目标的人区分开来。仅仅承诺每周完成自己的目标是不够的，你必须付诸实施，必须兑现承诺，必须实现这些目标！

实现这些目标能让你在赛场上充满自信和能量，并且保持清醒的头脑和充沛的精力。

提升你的"信心条"和"能量条"就是准备一场比赛的方法，这种准备会让你感觉充满能量，自信心爆棚！

技能七

每天都要提升你的"信心条"和"能量条"。

第8章　比赛程序

首先回答第一个问题：你上场比赛的目标是什么？

在你进入球场之前，你期望什么样的目标在你的大脑中燃烧？又是什么样的目标启动了你"双脚上的火箭"？

之所以这样问，是因为在一场比赛中，你想要达到的目标会极大地影响你在球场上的想法。换句话说，这些目标也会极大地影响你所体验的感觉和你在比赛中的表现。因此，你为自己设定的那些目标（靶子）至关重要。

当我接待第一次来访的运动员时，我提出的第一个问题就与他们为自己的每一场比赛设定的目标相关。"你的目标（靶子）是什么？""你有什么样的目标？"

我得到的答案不尽相同。有些运动员根本没有为自己设定过任何目标，而有些运动员设定的目标反而会破坏他们的信心、动机和专注。这两种情况都是不可接受的——没有目标或错误的目标都会在你上场之前就输掉比赛。

这就是足球比赛心理因素的特别之处。你如果在周三就为周六的比赛设置了一个错误的目标，就会在周六的比赛中失去展示最佳状态的机会。你如果完全忽略设置比赛当天的目标这一过程，每周一次的比赛就有砸锅的危险。

你必须为即将到来的比赛设定相应的目标，而且必须是适宜的目标。

你与足球的关系

想想你能为自己设定什么样的目标。我可以告诉你我经常听到的目标：

- "我希望赢得比赛"。
- "我希望进球得分"。
- "我希望保持零失球"。
- "我希望发挥出最好的水平"。
- "我希望每次传球都准确到位"。

以上的目标（靶子）都是与我合作的足球运动员在与我第一次见面时告诉我的。我很钦佩他们！这些目标是竞争力的一种标志，它们展示的是渴望和意愿，是电视评论员期望我们相信的有着冠军特征的目标。胜利者都希望在比赛中获胜，都想做最好的自己，都渴望得到最高分的同时尽可能少失球。很少有人在赛前就认输。

尽管我尊重这些目标，但我不认为它们是最好的目标。事实上，这些目标可能会对这位雄心勃勃的足球运动员造成破坏性的影响。我知道这种说法听起来有点奇怪。你可能认为前锋的最佳目标是进球得分，守门员应该有一个保持零失球的目标。

我为什么不赞成这些目标？在你继续往下阅读之前，可以先想一想。

我为什么会坚持让前来咨询的运动员设定不同的目标？现在让我来解释一下。

简而言之，我上面列举的那些目标都是结果目标和成绩目标。结果目标和成绩目标对于比赛当天而言都是不合时宜的。我可以给出以下几个理由：

·它们是显而易见的——你是一名前锋，你的任务就是进球；你是一名守门员，你的目标就是保持零失球。球队里没有人是不想赢球的。无论发生什么情况，结果目标和成绩目标都是客观存在的，因此没有必要再设置这种类型的目标。而且，它们也是很多因素共同作用的结果。

·它们会导致自我怀疑。如果你脑海中第一位的目标是进球，而你在比赛进行到第 80 分钟时还没有得分，那么焦虑的情绪就会在你心中蔓延，让你感受到不确定性。"我今天不能得分了"会成为你内心的声音。

· 它们会导致你内心沮丧。如果你作为守门员的目标是保持零失球，在比赛刚开始就被对方破门的话，你会很难接受这个现实。你的既定目标已经失败了，因为你已经丢球了。

· 它们会对你的比赛产生负面影响。如果你作为中场球员的目标是每次传球都准确到位，那么你很可能会为了避免风险而选择向后场传球而不是向前传球，也不会向对方后卫身后传出具有威胁性的球。你在比赛中会畏首畏尾，从而在行动上和情绪上也失去了轻松自由的感觉。

· 最重要的是你不能完全控制结果和成绩。你可以影响它们，但你无法完全控制它们。作为一名前锋，你可以踢出一场非常精彩的比赛（并且有好几次致命的助攻），但始终没有进球。一名后卫可能在防守中甚至以命相搏，踢出一些非常漂亮的铲球，并表现出非常聪明的位置意识，但最后还是输掉了比赛。一个守门员可能做出了好几次高难度的扑救，但最终还是让对方攻入了两球。

我想让你重新阅读我以上给出的 5 个理由，然后再读 1 遍。要将它们刻在你的内心里，印在你的大脑中。我不希望你设定结果目标和成绩目标，它们是伟大足球比赛的无声杀手，会抹杀你表现卓越的可能性。

请允许我向你提供一个非常重要的关于足球与心理的事实：

赢得比赛、进球得分、发挥出最佳状态、保持零失球，这些都是顺其自然的事。你无法控制它们，也不需要为它们担心。你不能强求它们，它们也不需要你内心的挂念。它们会让你在比赛场上变得紧张、僵硬、畏首畏尾。它们会给你造成焦虑，尤其是让你感到怀疑和担忧。它们能使你感到沮丧。所以，你不必过分关注它们。

我希望你能表现得与众不同，希望你有一个与普通球员不同的比赛关注点。我想让你在进入球场的时候有个不一样的内心故事。你需要设定不一样的目标（目的或靶子）来建立一个你与足球之间更好、更有效的关系。

比赛程序

你如果想尽最大的努力成为最优秀的足球运动员，就需要用一种成熟的方式来思考足球。你需要与足球建立一种成熟的关系。

- 让你的注意力不再集中在赢得比赛上并不意味着你会远离荣耀。
- 让你的注意力不再集中在进球得分上并不意味着你会铩羽而归。
- 让你的注意力不再集中在与队友配合默契上并不意味着你会让他们失望。

事实上，情况恰恰相反。

一个沉浸在得分程序中的球员会给自己创造更多的得分机会。一个全神贯注于防守程序的球员会使他的球队有更大的机会让对方一无所获。一个全身心投入比赛程序的球员将是一个伟大的人，也是一名伟大的队友，将给自己和队友创造最好的获胜机会。

那么，我们所说的这个比赛程序是什么？

编写你的比赛脚本

比赛程序就是参加比赛的方式，涉及参加比赛的球员的个性特征、态度、行为、活动和思维方式。

是什么驱使你参加比赛？你在球场上的职责是什么？

这个比赛程序应该根据你的需要来编写，可以非常简单，也可以非常复杂。它可以是一个单词，也可以是一系列的短句。但是，它必须是为你专门制订的——针对你的强项、你希望改进的环节以及你在场上的位置与职责。每场比赛的情况都不一样，尽管保持比赛程序的稳定性是有益的，但还是应该根据当前的对手、赛季的进程以及你在训练方案中所关注的环节做相应的调整。如果你是一个非常年轻的球员，你可以将自己的比赛程序浓缩成一个想法。随着你足球水平的提高，你可以让这个程序变得更长或更复杂（尽管我所接触的大多数足球运动员都参加过顶级水平的比赛，但他们制订的比赛程序还是保留了简短、精练的特点）。

为了帮助前来咨询的运动员尽可能地将问题简单化，我多年前就不再使用"程序"这个词了。我认为它听起来太学究气了——只有运动心理学家才用这个术语。所以，我不是与运动员谈论他们的比赛程序，而是与他们谈论比赛脚本。

我使用"脚本"这个术词有 3 个原因：

• 它很容易记住，也很吸引人。

• 脚本是处方的一个简化术语，我喜欢这个想法。"你的比赛处方是什么？"

• 脚本与表演有关，足球比赛中就像表演一样。你的每一场比赛都需要一个脚本，你必须按照这个脚本来表演（稍后会详细介绍）。

我们还可以让比赛脚本的概念更简单明了——你参加足球比赛的目的就是去执行你的比赛脚本，比赛成绩和结果会顺其自然地出现。让我重复一遍，你参加足球比赛的目的就是去执行你的比赛脚本，比赛成绩和结果会顺其自然地出现。以下是一些比赛脚本的示例。

守门员的比赛脚本

• 适时地大声叫喊。

• 迅速找准站位。

• 在空中要有侵略性。

后卫的比赛脚本

• 堵住对方锋线。

• 随时注意反越位。

• 注意罚角球时的身体姿态。

中场的比赛脚本

• 快速拦截（切断对方进攻空间）。

• 积极地应对每次争抢。

• 观察全场（寻找空当）。

边锋的比赛脚本

• 大胆跑位，带领队友进攻。

• 把球传到对方的危险区域。

• 尽可能在远门柱周围寻找机会。

前锋的比赛脚本

- 持续地跑动。
- 将对方防守队员压到底线附近。
- 专注于进攻。

在以上的比赛脚本中，球员的表现有哪些共同的地方呢？这些脚本都与球员在比赛中履行自己职责相关的个性特征、行为习惯和思维方式有关系。最重要的是这些脚本都是可控的。没有哪场成功的比赛是依靠球员无法控制的外部因素来完成的！

- **我不能保证得分，但我可以选择跑动来创造最好的得分机会。**
- **我不能保证零失球，但我可以选择在场上具有侵略性。**
- **我不能保证每次传球都准确到位，但我可以选择观察全场，自信地传球。**

那么，你的比赛脚本的内容是什么呢？哪两三个环节造就了一场精彩的比赛呢？花点时间想想你的教练希望你做什么？你在场上的位置需要你做什么？你在过去的比赛中有哪些成功的表现？

根据我的经验，一个比赛脚本通常要包含以下内容：

- 移动。
- 跑动。
- 意识。
- 位置要求。
- 铲球、传球、射门和头球。
- 控球。
- 身体姿势。
- 进攻和回防。
- 肢体语言。
- 自我对话。
- 喊叫。
- 决策。

以上只是编写比赛脚本的基础分类。当然，还可以用其他方法来编写比赛脚本——编写一个内容简单但功能强大的比赛脚本。

简化你的比赛脚本

我想让你将注意力转移到其他地方几分钟。我要锻炼你的记忆力和想象力。

首先，我想让你回想你过去表现最好的一场比赛。想象那是什么样子？那是什么样的感觉？在你风光无限时，别人是怎么看你的？

然后，在你的脑海中再回放一遍那场比赛。这可以让你的内心形象更高大、更突出、更鲜明，同时激活了你当时的情绪体验。用你自己的眼睛，从赛场外的角度让所有的场景重新播放，重现当时的比赛情况。

你会用什么词来总结你在那场比赛中的表现呢？是果断、投入、竞争性强，还是专注呢？我想让你在脑海中搜索你能想到的单词——我可以为你提供一些选择：

自信、敏锐、强势、警觉、充满活力、强壮、信念、灵巧、乐观、积极、有备而来、放松、高大、果断。

你过去表现最好的比赛是什么样子的？你有什么样的感觉？让它们在你的大脑中形成图像。

现在我想让你换个场景，让你做一个类似的练习，只是这次我想让你去想象一下你的完美表现，想象你梦想中的足球比赛。不仅仅是 10/10 的比赛表现，而是 12/10 的比赛表现。你可以随心所欲、尽情畅想。根据你内心的图像参加比赛，并且比赛在超高速、超激烈、超强度的情况下进行。同时，感受一波又一波的积极情绪在你的身体中从头涌动到脚。

你梦想中的足球比赛是什么样的？你有什么样的感觉？

那么，哪些词与你所梦想的足球比赛有关？勇敢、大胆、酷炫、自由？让所有这些词在你的脑海中盘旋。当然，还有更多的选择：

不停跑动、大声、有影响力、高大、精力充沛、强大、有活力、积极、有纪律、不停歇、无情、可控。

我想让你选择 3 个词来描述你过去最好的比赛和你梦想中的比赛。要确保这些词是基于行动的，最好是有感染力的。这些词能够激励你，并且与你在球场上的位置和职责有关。

下面是一些例子：

• 精力充沛、强壮、专注。

- 有信心、坚定、勇敢。
- 不停跑动、灵活、放松。
- 冷静、大胆、高大。

不要选择你认为也适合其他人的关键词，或者与其他球员的风格有关的关键词——你的关键词必须是针对你个人的。

当你对自己说这些词的时候，肯定会有一个图片目录，而这些图片与因你在场上的位置而需要做出的行为、态度和责任有关。它们一定会让你兴奋，一定会让你充满活力。当你对它们做出反应的时候，有一种卓越的感觉会传遍全身。当你大声叫喊出来的时候，你能够感觉到你的心脏在怦怦地跳动。

你选择的关键词表述的就是最好的你，一个具有超级能量的你，一个不可战胜的你，一个能让所有对手甘拜下风的你！

"化身"为一种动物

现在我要问你一个略显奇怪的问题，但我希望你能按照我的要求去做。

当你思考你过去表现最好的比赛和你的梦想中的比赛时，思考用你选择的 3 个关键词所描述的方式进行比赛时，你的脑海中是否会出现某种动物？

它可能是一头狮子——丛林之王，声音响亮、傲视群兽；可能是一头猎豹，快如闪电，超级敏捷；可能是一只大猩猩；可能是一条蛇或一只黑豹、一只猴子或一只灰狗。我想让你选择与你的关键词、你过去表现最好的一场比赛和你梦想的比赛相关的一种动物。

如果你读过《打造足球大脑：学习英超球员的心理策略》，你可能熟悉这个话题。这是我用来帮助安东尼·斯托克斯（Anthony Stokes）实现他的梦想——转会凯尔特人队（Celitc）的动物技术。斯托克斯在比赛中"化身"为一只灰狗，他的外在形象以及实际行动就像一只灰狗每天的活动一样，高度警觉、精力旺盛、持续跑动。他让自己成为对方防守队员的噩梦——不停地跑位，不停地寻找空当，不停地突破对方防守队员。

虽然这听起来有些怪异，但将自己与某种动物联系起来确实很有用，而且与我们人类学习和活动的方式有着非常密切的关联。在心理学中，我们称之为"视觉隐喻"。我们的大脑喜欢把语言信息转换成视觉图像，使学习和理解变得更容易。

"化身"球场上的某种动物可以使我们在心理上产生共鸣。这有特殊的作用：我们知道狮子高大、威猛、傲视群兽，而我们也希望自己在球场上像狮子一样高大、威猛、傲视群雄；我们知道猎豹奔跑敏捷，天生就是一个捕食者，而我们也希望自己像猎豹一样奔跑敏捷，在比赛场上成为一个"捕食者"。

动物的某些能力是超人类的。当你想到灰狗的时候，你会认为它是凶猛的、不停跑动的。当你想到蛇的时候，你会想到敏锐、隐蔽、狡猾。当你想到黑豹时，你想到的是狡诈、残忍和敏捷。"化身"动物可以使你处于最佳的状态，可以让它融入你梦想中的比赛，可以让你的关键词发挥出更好的效果。

我希望你能给你的动物加上一两个形容词。以下是一些例子：

• 无所不能的灰狗。

• 自信的狮子。

• 快速、充满活力的蛇。

• 专注、不停跑动的猴子。

• 精力充沛的、自信的黑豹。

给你的动物加上形容词是对你的比赛脚本非常有益的补充。它们创造了强有力的动物画面，以刺激你的神经系统，使其产生反应。让这些画面每天在你的脑海中回荡，这也是一种准备比赛的有效方式。然后，在更衣室里回忆这些画面，它们会提升你的自信心、增强你的专注力。

当你将"化身"动物添加到你的比赛脚本中时，它必须成为你的一个组成部分。你必须成为一只自信的狮子，成为一只无所不能的灰狗，成为一只充满活力、自信的黑豹。想想那是什么样子，那是什么感觉。

没有什么人和事物会把你从自信的狮子身上拉出来，把你从无所不能的灰狗身边夺走，让你远离充满活力、自信的黑豹。也没有什么人和事物能把你从比赛脚本中带走！

如果这种动物技术真的对你不起作用，那也没关系。还有一些东西可以添加到你的关键词里。

选择一个榜样

如果以上的动物技术不能在你的脑海中创造出适宜的画面，对你也没有足够实用的意义，那么我们可以尝试其他的选择。

如果你不去选择那个与你过去表现最好的比赛、你梦想中的比赛和你的关键词相匹配的动物，那么我希望你"化身"为一位你最喜欢的足球运动员。无论这看起来是多么不切实际，但是这个人必须是你的榜样。

当然，这名球员在比赛场上的位置与职责与你在场上的位置与职责必须是相同的。如果你是守门员，选择梅西（Messi）是没有意义的。如果你可能会处在几个不同位置，就要选择两个或更多的你最喜欢的球员。

现在为你的榜样球员添加一两个形容词。这里有些例子：

- 自信的杰拉德。
- 专注的、健壮的哈姆。
- 放松的、冷静的罗纳尔多。
- 积极的、乐观的哈特。

有这么多的例子可供选择，你会知道谁最适合你。就像选择动物一样，你选择的榜样球员也必须能使你兴奋，并且最大限度地开发你的身体潜能。

你是选择一种动物还是一个榜样球员来匹配你的关键词，完全取决于你自己。这没有对错之分，仅取决于哪一种选择更适合你个人的偏好。下面是一些例子：

守门员——勇敢自信的哈特

- 起跳迅猛。
- 大声呼喊——指挥后防线。
- 自信出击。

后卫——自信的狮子

- 头脑清醒——明确防守队员的位置。

- 脚步灵活——任何时候都充满自信。
- 拼抢有力——让对方前锋知道我的存在。

中场——冷静、不遗余力的杰拉德

- 全能中场——随时展现统治力。
- 组织全队快速压上。
- 快速切断对方传球的路线。

边锋——勇敢矫捷的猎豹

- 拖垮对方的边后卫。
- 积极拼抢。
- 不停地向对方施压。

前锋——无所不能的灰狗

- 持续跑动寻找空当。
- 随时准备参与防守。
- 大胆突入对方禁区。

有的球员喜欢将他们的比赛脚本简化为关键词、动物或榜样球员，而有些球员不一定这么做。这完全是个人的偏好。这样做的好处是仅仅用两三个单词就可以概括比赛脚本的主要内容。如果你以上面的前锋为例，"持续跑动寻找空当、随时准备参与防守"，很容易就能与无所不能的灰狗建立联系。"大胆突入对方禁区"也是如此，如同一只捕猎的灰狗攻击它的猎物——禁区。如果你带着这样的形象参加比赛，将产生令人难以置信的强大能量。

"我是一只无所不能的灰狗。这就是我，这就是我要做的。我总是在持续跑动寻找空当，而且随时准备参与防守，一有机会我就大胆突入对方禁区，给自己创造最好的得分机会。我就是一只无所不能的灰狗。这就是我要做的，这就是我！"

无论你是选择使用关键词、动物还是榜样球员，这都不重要，重要的是你有一个比赛脚本，而且其中的内容都在你控制的范围之内。无论你是作为个体还是球队中的一员，这个脚本将帮助你在比赛中发挥出个人的最佳水平，并且给你提供一个获得最好结果的最佳机会。

你参加足球比赛的目的就是去执行你的比赛脚本，成绩和结果会自然呈现出来。

奥斯卡脚本

你的比赛脚本是什么？你会用这个比赛工具创造什么样的表现呢？

我希望你在编写比赛脚本之前花点时间认真思考。当你完成脚本后，你还要确保你每天都使用它。本章的大部分内容是教你在比赛开始前几天如何编写和运用脚本，我不希望你只是将脚本写出来，然后就把它放在抽屉里完事。我希望你的脚本是随处可见的，所以你应该多写几份，放在不同的地方，还可以让它成为你手机的屏保。

要持之以恒地执行你的脚本，让它成为你每天、每周、每月必不可少的例行公事，并且将它放在你的足球世界的中心位置。

如果没有比赛脚本，你在场上就无法有条理地进行思维。比赛脚本不仅是一个非常有效的准备工具，还是一个帮助你稳定、专注地完成比赛的重要策略，将帮助你应对各种最棘手的问题。

如果设有足球比赛脚本的奥斯卡奖，我希望你的脚本可以获得最高奖项的提名！一份优秀的比赛脚本可以帮助你成为一名伟大的"足球演员"。

在接下来的两章，我们将讨论能使你的比赛脚本发挥出最大功能的心理工具。

技能八

你参加比赛的目的就是执行你的比赛脚本，成绩和结果会自然出现。

第 9 章　你的第一个控制器

填充你的"能量条"和"信心条"，开发一个智能的、场上特定位置的比赛脚本，是你在压力下准备比赛的第一步。

现在，我想为你解释你在比赛中执行比赛脚本、管理能量和保持信心背后的机制。我想在本书的准备篇而不是在比赛篇中介绍这些内容，是因为我相信足球运动员在进入足球场时必须准确、详细地知道自己应该做什么。

你需要准确地知道那些防止"能量条"过低的心理机制，需要掌握精确的心理控制技术来保持自信，应对在比赛中遇到的任何负面因素。既然你现在已经编写了一个融合了你的职责、关键词、动物和榜样球员等要素的精致比赛脚本，你还需要知道你可以采用哪些战术来执行你的比赛脚本。

为此，我将把最强大的心理控制技术分解为若干个最简单的形式。我认为在运动心理学中，没有什么比保持简单明了更重要。它可以帮助你在"压力山大"的关键时刻仍然能够有效地控制自己的情绪与表现。请允许我给你介绍控制器。

控制器

根据我的经验，你如果喜欢足球，应该在 XBox 或 PlayStation 上玩过一款 FIFA 的游戏。事实上，我还没有碰到过任何一个不喜欢自己出现在游戏里或者不喜欢花几个小时玩 FIFA 游戏的足球运动员。

　　与一个喜欢在 FIFA 游戏中选择为巴塞罗那队或皇家马德里队效力的英超球员合作总是很有趣的。更有意思的是，有一个向我咨询的足球运动员在游戏中是操控他本人进行比赛。我经常和他开玩笑说，我们的目标是让他在现实中表现得和在 FIFA 游戏中一样好。

　　我自己不太喜欢玩游戏，但我能看到它的吸引力。设想走进罗里·麦克罗伊，或者一个美国海军陆战队队员，或者一个准备好迎战外星人入侵地球的英雄的内心世界，让你的想象力毫无约束地纵情驰骋！足球心理与你的想象力有密切关系，我发现采用沉浸于另一个世界的方式来锻炼自己的"心理肌肉"也是一种乐趣。这种随意控制一个体育明星、一个超人，甚至一个来自遥远星球的生物的想象，可以使人尽情地享受自由和受到鼓舞的感觉。

　　在这里，必须强调"**控制**"这个词。这种游戏就是**控制**某个人或某一事物，并指引这个角色来应对各种考验和挑战。如果要毫发无损地到达终点或者赢得奖杯，你的控制必须十分精确，一个错误的方向、一个不确定的移动或者一个不合时宜的动作都将随时让你回到起点，或者将胜利拱手让给他人。

　　多年来，游戏世界的控制方式已经发生了很大的变化。在我只有十来岁的时候，游戏的控制方式就是一个简单的操纵杆。今天则是通过一个控制器，它不再是一根带有超大按钮且显得笨拙的"棍子"。如今，它是时髦的，它是为速度、为灵巧而设计的，是为手和大脑协调工作并实时控制而设计的。

　　你的足球心理控制器应该也是相似的，是为速度而生的，并且可以随时运用。它们是为灵巧而生的，可以用于任何足球比赛、任何球场、任何国家。它们会伴随你的一生。你每天、每时、每刻都会有意识或无意识地运用它们，会与它们形影不离。

　　你可以使用两个控制器来运行和管理你的能量值、信心值以及比赛脚本，这两个控制器就是身体控制器和自我对话控制器。你可以用它们来帮助你在球场上的各种压力下始终如一地发挥出最佳水平。

　　"我有两个控制器，一个是我的身体控制器，另一个是自我对话控制器。它们会帮助我充满能量、坚定信心、有效执行我的比赛脚本。"

我想让你重复阅读这句话。

"我有两个控制器，一个是我的身体控制器，另一个是自我对话控制器。它们会帮助我充满能量、坚定信心、有效执行我的比赛脚本。"

我想让你记住它。你的身体控制器和自我对话控制器就是帮助你充满能量、坚定信心、实现你的奥斯卡比赛脚本的控制器。

让我从你的身体控制器开始，向你介绍几位美国心理学研究人员正在向世人展示的一些如何最大限度地提高行为绩效的方法。

肢体语言

球员们可能不了解，英属哥伦比亚大学的达纳·卡尼（Dana Carney）和哈佛大学的副教授埃米·卡迪（Amy Cuddy）是足球界的大人物。我猜大多数球员和教练员从未听说过这两位杰出的学者。如果球员注意到这两位学者的研究成果，教练员将这两位学者的工作内容纳入训练课，那么我相信球员们在竞争激烈的足球世界里会拥有更好的心理韧性。

卡尼和卡迪两人在非语言行为、激素变化和行为表现方面进行了开创性的研究。在过去几年里，他们的研究工作的假设很简单，试图用科学验证一个古老而陈旧的观念，即肢体语言会影响我们的感受，进而影响我们的表现。两位学者的发现引人注目且极具启发性，对每个足球运动员将产生积极的影响。

权力姿势

在卡尼和卡迪的研究中，他们让实验参与者摆了一系列他们称之为"权力姿势"的姿势。为了让你对他们的实验有个概念，举个例子，其中一个姿势被称为"超人"（想象一下超人，双手叉腰，站得很高，昂首挺胸——我想你的脑海里已经有画面了！）。他们要求实验参与者假装拥有权力姿势。

实验参与者被要求保持这些权力姿势几分钟，然后卡尼和卡迪测量了参与者在这段时间内可能发生的激素变化。两位学者发现，仅仅让参与者保持这些强有力的姿势，他们的睾丸雄激素水平会上升，压力激素皮质醇会下降。值得注意的是，权力姿势还增加了参与者冒险的欲望。卡尼和卡迪证明，身体激素的变化可以改变我们的想法和感受。我们的身体可以改变我们的心理。

卡尼和卡迪更想证明的是身体语言的改变以及随后激素的变化确实会对行为表现产生影响。他们曾怀疑，在压力环境下，如人们感到自己被评判的时候（如面试和做报告），差异会表现得最明显。因此，他们开始检验他们的理论，同时发现在面试过程中，那些摆出权力姿势的人比那些被要求在面试时摆出低地位姿势的人（比如弯腰驼背）显得更成功。卡迪称，两组之间（低地位和权力姿势）的差异表明，摆出权力姿势的面试者表现出更大的存在感，他们说话时充满激情和自信，并且让人觉得更有魅力，看起来更舒服。

卡尼和卡迪通过他们的科学研究证明，运用肢体语言可以改变行为。他们严谨地解释，虽然他们的项目最初是一项"假装是他"的研究，但结果表明，"假装"一词并不准确。他们现在将"有意识地运用肢体语言"描述为"就是成为他"。

简而言之，要强势地行动、强势地思考、强势地开发自身的潜能。

身体控制器

权力姿势对你的足球比赛表现又有什么影响呢？我先表明，我并不认为走起路来像超人就能帮助你成为梅西。但是，学习控制自己走路、自我规划，则可以帮助你有效地控制比赛脚本。它还能帮助你管理"能量条"和"信心条"。

我将肢体语言称之为**身体控制器**。它能帮助你将你最重要的心理品质发挥到最佳水平，帮助你在赛前热身时更加自信和专注，帮助你在足球比赛中有效应对各种各样的挑战，如争夺控球权、带球移动、接近对方球门、在自家禁区防守等。

身体控制器强调一个重要的双向过程——心灵与身体相遇，身体与心灵相通。就像你的心理状态会影响你的身体功能一样，你控制身体的方式也会影响你的大脑思考，这就是科学家们所说的*"积极的反馈回路"*。

我希望所有的足球运动员都能拥有心理与身体之间的反馈回路，在每场比赛的每一秒都使用身体控制器和这个回路来帮助执行比赛脚本。

我想让你用身体控制器来进行赛前热身、执行你的比赛脚本。我要你在行动中充满自信并保持这种自信。如果它要求你踮起脚尖，那你就有意识地踮起脚尖。如果它要求你保持警觉，那你就要警觉起来，也就是"成为它"！

成为它！要求你敏锐你就变得敏锐，要求你灵活你就变得灵活，要求你乐观你就变得乐观。

在球场上，身体控制器由以下 4 个部分或按钮组成：

• 头部（抬头、随时观察、接受信息、必要时大声喊叫、充满警觉、行动专注）。

• 肩膀（挺直身体、保持正确的姿势）。

• 膝关节（出脚有力、跑动迅猛、拼抢积极）。

• 脚趾（踮起脚尖保持警觉、完成各种动作技能）。

你在球场上是如何控制自己的？当你的球队领先一球时，别人会看到什么？当你的球队落后一球时，别人看到了什么？

你会采取什么行动？你会用执着和侵略性来压制对方吗？你有十足的信心将球传给队友吗？

你如何控制自己？你会采取什么样的行动？你会经常关注你的头部、肩膀、膝关节和脚趾吗？你会一直使用身体控制器吗？

身体控制器的功能非常强大。我曾与一些难以集中注意力的球员共事。他们总是不能专注于当前的比赛任务，时不时就出现"断电"。我就要求他们通过运用自己的身体控制器，特别是通过使用头部让自己重新专注于当前的比赛任务。我要求他们在任何时候都要环顾四周，睁大双眼，大声喊叫。如果将这个控制器与第二个控制器（我将在下一章向你介绍）同时使用，就能保持高度专注和应对各种分心。

我曾经与一些正在经历"进球荒"的英超前锋一起工作。我要求他们在比赛中随时做好准备，脚尖反应要灵敏，他们就能更容易地发现进攻的空间，然后开始得分。我让他们运用自己的身体控制器执行他们的比赛脚本，他们就找回了进球得分的那种胜利感觉。

身体控制器是否有效，关键取决于你对它的信任程度。我发现那些确信身体会影响心理的球员在比赛时能够管理自己——他们可以影响自己的能量水平、自信水平以及比赛脚本的完成情况。

这是一种令人难以置信的、解放身心的感觉：

"我已经注满了我的"能量条"和"信心条"，现在只需要用我的身体控制器来管理它们。如果我开始失去能量，我就会消除任何无精打采的苗头，我会踮起脚尖，以执着的信念和矫健的步伐完成比赛。如果我失去信心，我就会昂起头来大声喊叫，挺起胸膛。"

如果你已经注满了你的"能量条"和"信心条"，就可以运用身体控制器——头部、肩膀、膝关节和脚趾来保持它们的满格状态。这看起来像是什么？这是什么样的感觉？在一场比赛中，你什么时候需要这样做？

你也可以运用你的身体控制器来确定比赛脚本：

"我的第一个目标是寻找空间。我将专注于这一点，并会有意识地抬头，环顾我的周围来获取信息。然后我根据这些信息迅速采取行动。

我的第二个目标是不断地跑动。我将专注于这一点，并有意识表现出来——我会不停地使用我的膝关节和脚趾跑动。

我的第三个目标是高高跃起，把握时机赢得头球。我将专注于这一点，并将随时运用我的身体控制器帮助我在空中击败对手。我会盯着球，踮起脚尖，把握好这有力的一跳。"

控制你的比赛脚本

在比赛场上，无论你的球队是领先一球还是落后一球，你随时可以选择使用身体控制器的功能。而且，无论对手是谁、在哪个球场比赛、天气如何、你过去训练课的质量如何、你的教练是谁、你的观众是谁等，你都可以使用身体控制器。

如果你的球队落后了，那么运用你的身体控制器来保持能量和信心，并专注于比赛脚本。如果你犯了一个错误、裁判做出了错误的判罚、对手发挥超级好、你输掉了一次个人对抗、你的队友表现不佳、观众对你不满等，你也可以使用身体控制器。

　　只要你的身体控制器正常运行，然后让你的自我对话控制器也参与进来，那么它们的效率会成倍增加。接下来我们会展开进一步的讨论。

技能九

　　随时运用身体控制器来保持满格的"能量条"和"信心条"，以执行比赛脚本。

第10章 你的第二个控制器

自从我决定要研究足球心理学，并开始相应的专业训练以来，我就以一种不同于他人的方式观看足球比赛。球迷、教练员和足球运动员观看一场比赛时会关注球场上球的滚动、整个球队的跑动、从一个半场到另一个半场的进攻态势等。

我在观看足球比赛的时候也会考虑以上情况，但我主要关注的是那些驱动外部表现的内在因素。我会思考球员们当时有什么样的想法，在他们的血管中涌动着什么样的感觉和情绪。

当然，正如第9章所讨论的，我也关注肢体语言。我会观察球员的动作和活动——他们看起来是敏锐、活泼、充满警觉，还是无精打采、紧张僵硬？

肢体语言是反映一名球员的思维和感觉的窗口。如果一名足球运动员畏缩不前、不敢触球，说明他内心有怀疑或者担忧。如果一名足球运动员总是沉默寡言，则意味着他内心有压力或焦虑。我花了很长时间努力寻找球员内心混乱的蛛丝马迹。如果你仔细观察，就能从球员的外部表现中看出一些端倪。

作为一名足球运动员，你不了解驱动外部表现的内在因素，你所受的教育就是不完整的。如果你希望在第二个控制器上胜人一筹，那么你必须对自己的内心世界有更多的了解。

与一个冠军的对话

第二个控制器是你在比赛时准备发出的声音，是那些时刻伴随着你的内部言语，也就是你的自我对话。

如果你想在激烈竞争的巨大压力下发挥出最好的水平，请使用自我对话控制器；如果你想充满自信地参加比赛，请使用自我对话控制器；如果你想在精疲力竭的最后 10 分钟里还能坚持下去，请使用自我对话控制器；如果你想在与对手的一次对抗中不败下阵来或者在你不满裁判的某次判罚后冷静下来，请使用自我对话控制器；如果你想竭尽全力地执行比赛脚本，请使用自我对话控制器。

自我对话应该由一系列的单词、句子和短语所组成，它们对你来说完全是个性化的，可以规范你的行为，包括你的日常生活。这种内心的声音将引导你向左或者向右，告诉你停下来或者继续前进。这是一种介于思维与行动之间的对话，能帮助你按照内心做出的决定采取行动。自我对话控制器是身体控制器的最佳伴侣，它们合在一起就是一剂治疗内心混乱和避免外部失败的万能解药。

一位著名的心理学家曾说："停止倾听自我，开启自我对话。"这句话非常重要，应该让全世界足球圈的人都知道。千万不要成为那些会破坏你的专注与信心的错误想法的奴隶，那只会让你产生怀疑的想法，一定要运用强有力、乐观和自信的自我对话来消除所有破坏性的想法。

自我对话可以为你提供内在的信任。你可以用自我对话来提醒自己当前就处于最佳状态。你也可以在赛前热身的时候使用自我对话作为某种动作或行为的提示，如集中注意力、踮起脚尖、要有所作为和轻松地比赛等。你在沮丧的时候，可以用自我对话来给自己鼓劲打气。在你分心时，可以用自我对话提醒自己专注于当前的任务，特别是专注于比赛脚本。无论你在比赛中是进球得分还是出了差错，你都可以用自我对话来打起精神，并且督促自己始终保持乐观向上和精力充沛的状态。

我希望你现在想象一场至关重要的比赛，或一场你一直在期待的比赛，或一场事关升级或降级的关键比赛，或一场激动人心的半决赛。比分 0 : 0 一直持续到最后 10 分钟，然而你的球队因为一个糟糕的失球落后了。你现在会对自己说什么？你会让你的身体做什么？你觉得怎样才能让你的能量和信心保持在最佳状态呢？

当我与不同运动项目的运动员一起工作时，我总是帮助他们运用自我对话在极其艰难的最后 10 分钟里仍能更加努力地坚持。运动员们会用他们内心的言语来驱使自己战胜痛苦、风雨、寒冷和酷热。棒球运动员如果投球表现不稳定或三振出局（棒球中三击未中出局），就会对自己提出更高的要求。拳击手会对他们的身体发出战术性的提醒（他们在比赛中需要运用的提醒）。网球运动员在一场似乎无休止的多拍对攻中赢得了眼看就要丢掉的一分，他们会欢呼雀跃，但也会在比赛进行中默默提醒自己必须保持冷静。

足球运动中的卓越表现不只出现在舞蹈般移动的双脚中，还可以在安静的心态里创造出来。

• 自我对话维持着你的能量水平——告诉自己在球场上要竭尽全力。

• 自我对话维持着你的自信水平——告诉自己的外表要自信、行为要自信，展现一种自信的态度。

• 自我对话能帮助你牢牢黏在比赛脚本上——不断地跟自己谈论如何执行比赛脚本，始终提醒自己要不遗余力！

想法与自我对话的区别

你的想法与你的自我对话是有区别的。你的各种想法是随机出现的，而你的自我对话则是有意为之。

我再强调一遍，我想让你理解其中的细微差别：你的各种想法是随机出现的，而你的自我对话则是有意为之。请允许我举一个例子来解释：

你正走在一条大街上，经过一家印度餐馆。喷香的咖喱味扑面而来，你的脑海中会不由自主地蹦出一句话："今晚我要吃什么？"这就是一个想法。接下来你会启动你的大脑，然后告诉自己："我已经有了一些选择，要么是鸡肉，要么是鱼块。"这就是你的自我对话。你的各种想法是随机出现的，而你的自我对话则是有意为之。

我再举一个例子：

当你和一位朋友在街上散步时，你的脑海中突然出现了一个想法：

"明天是我姐姐的生日，我忘了给她买礼物。"这是一个想法。它只是随机地进入你的大脑、进入你的意识。然后你对自己说："好吧，我今天下午正好有时间，我去商场给她买件礼物。"这也是你的自我对话。你的各种想法是随机出现的，而你的自我对话则是有意为之。

我发现在与运动员们讨论第二个控制器的功能时，明确想法与自我对话之间的区别是非常有用的。我希望他们明白，自我对话控制器，顾名思义，它是一个控制器，在任何情况下，你都可以用这个控制器来控制自己。

我相信你现在已经意识到，自我对话也是一项重要的生活技能，就像它是一项重要的足球技能一样。学会使用自我对话，可以帮助你及时解决问题，也可以帮助你在许多富有挑战性的情况下找到应对的方案。那些最伟大的企业家都是在他们最困难的时期能够进行自我对话的人。当别人都说"不能"的时候，他们则说"能行"。

精英运动员都是如此。那些带着金牌回家的奥运选手都具有超强的自我对话能力，并且通过自我对话来支配自己的手和脚完成各种复杂的技能。在网球大满贯比赛中，那些最优秀的网球运动员会通过自我对话化解场上的各种危机。最伟大的高尔夫球手会通过与18个充满压力的球洞交谈，打出当天最低的杆数。

我希望你学会这项技能，能够出色地运用你的自我谈话控制器，通过你头脑中的自然音频系统来驱动双脚的所有技能。

内心的音频播放器

- "继续努力——坚持执行我的比赛脚本。"
- "踮起脚尖——保持活力、精力充沛。"
- "我感觉太累了——坚持再坚持；强势的肢体语言——让我的"能量条"保持满格。"
- "哦，不，对方已经领先一球了——必须继续保持专注，提醒每个人保持强势的肢体语言，坚持执行我的比赛脚本。"
- "这个女孩又快又强——坚持执行我的比赛脚本，强化我的比赛脚本。"

　　如果我在你的体内安装一个内置的音频播放器来监听你对自己说的话，我会听到什么？我会听到有益的、建设性的和积极的自我对话吗？我能听到你为自己注入能量的自我对话吗？我能听到你在努力使自己的"信心条"维持在满格的自我对话吗？我会听到很多关于你执行比赛脚本的自我对话吗？

　　或者，我会听到一些无益的、破坏性的和消极的自我对话吗？我会听到关于你精神涣散的自我对话吗？我会听到你丧失信心的自我对话吗？我会听到关于你比赛脚本的自我对话吗？

　　我将在本书的下一篇中讨论更多的关于消极思想的内容。但是，现在我想让你们想象一下，你的教练正在记录输入你脑海的所有声音。我希望你能努力帮助你的教练听到你最忠实的球迷们给你注入的那种自我对话。我也希望你的音频来源始终充满活力、保持自信、专注于比赛脚本。

控制器的组合

　　如果你想在比赛场上成为最好的自己，还有什么能比同时运用两个控制器更有效的呢？控制器的组合能够让你有效地维持"能量条"和"信心条"，同时也能使你专注于执行比赛脚本。

　　我在本书的准备篇中讲述有关两个控制器的内容是因为我希望你在训练中就要进行这样的练习，从而为上场比赛做好准备。要让两个控制器成为你个人发展计划的重要组成部分，并且将它们纳入你的比赛脚本。

　　保持强势的肢体语言和自信的自我对话，这也是任何人都可以提高的两项技能。你不一定要像梅西那样身手敏捷，也不需要像罗纳尔多那样视野宽广，但是你能够在管理肢体语言和保持有效的自我对话方面达到世界级水平。

　　尽管两个控制器看起来很简单，但是你若能正确地运用它们则能受益无穷。我曾帮助过英国、法国和西班牙的一些年轻球员，教他们掌握运用控制器的技能，他们很快就进入了一线职业队。我也帮助过一些二级联赛的球员，将控制器的知识介绍给他们，他们因此提升了一个或两个级别。我帮助过一些经验丰富的足球运动员，教他们控制自己的身体和自我对话，他们因此在国际赛场上初露锋芒。

　　既然两个控制器有用，那就开始练习吧，还要充分地信任它们！做好带着它们上场比赛的准备。但你在练习之前，让我们先给它们的电池充电。

技能十

　　结合身体控制器和自我对话控制器，让"能量条"和"信心条"保持满格并专注于比赛脚本。

第11章　你的内部电池

与我一起工作是一件要求很苛刻的事情。每当一名足球运动员（无论是职业球员还是业余球员）联系我，让我帮助他们提高比赛水平时，我会很清楚地说一句话——我要挑战你！

我要尽我所能把你榨干！如果你想变得比你想象中的更好，那么你就得接受我对你"无情的折磨"。在我看来，平庸是无法接受的，你只能做到最好。

我们所谈论的每件事和我让你做的每件事都是很简单的。但是，简单和容易之间是有差别的——简单仍然需要意志力和纪律性。你会被拉伸，你需要展示出突破"舒适区"的态度和行为。

当运动员与我接触时，我也很清楚他对运动心理学会有自己的看法。也许某个教练曾经对他说，运动心理学只是针对那些"问题球员"的。也许他的某个队友去找过运动心理学家咨询，结果却毫无帮助。

我要求前来咨询的所有运动员对我将要运用的工具和技术保持开放的心态。从本书之前的章节（或我编写的其他足球书籍）中，你会发现，我不是心理学的忠实粉丝，因为心理学看起来太时髦和怪异。我喜欢直截了当。我不会和前来咨询的运动员手拉手高唱圣歌，我从来没有建议某个足球运动员去拥抱一棵大树，我也从来没有要求过某支足球队要对着月亮大声咆哮。但是，我确实要求过运动员在任何时候都要诚实，要求他们以一种开放的态度去探索和理解大脑和思维是如何运作的。

我之所以这么说是因为有时候心理研究工作需要一点信念的跃升。改善一个人的心理状态并不总是轻而易举就能成功的。我们可以通过一个球员的肢体语言和其他外部迹象来观察他的想法所产生的结果，但目前我们还无法准确地测量球员的心理活动以及它对行为表现的影响。尽管有很多运动员告诉我，他们已经在比赛中有很好的表现，并且对自己的比赛也更有信心，但仅有这些并不足以证明心理学是一种有效的改进工具。

如果我与你一起工作，我也会诚实地告诉你以上情况。我们将讨论关于大脑、心理以及它们与足球之间关系的知识。我可能会告诉你，我们将讨论的哲学思想和所采用的技术需要你进入一种"确信"的心理状态。你可能无法完全弄清它的工作原理，但是你必须相信你所做的工作是有意义的，而且现在已经产生了效果。

现在我将给你介绍一种技术方法，它将成为你的赛前准备工作的重要组成部分。你看不到它，但是它会对你的"能量条"和"信心条"、比赛脚本的执行以及如何有效地使用两个控制器产生重要的影响。

你的内心图像

在《打造足球大脑：学习英超球员的心理策略》中，我用了整整一章来阐述运用想象力的艺术。我希望运动员每天至少花 5 分钟（最好是 15 分钟）安静地在大脑中描绘按照自己的愿望参加比赛的图像，用这种方式来准备即将到来的比赛。我希望让运动员在脑海中创造一幅关于自己未来比赛的详细蓝图，为应付即将到来的各种压力做好相应的准备。

你可能听说过一些术语，如视觉化、想象或心理演练。这些词的含义都是指运用你的脑海中的画面来帮助你掌握技能和准备比赛的内部过程。就我个人而言，我尽量避免使用视觉化之类的词，因为我更喜欢将复杂的问题简单化。我只是要求运动员"想象"他们的比赛表现——仅此而已。

所有伟大的运动员、所有伟大的冠军，在比赛和行动之前都会在大脑中形成事件的图像。在他们的脑海中闪现的图像会给他们一种准备就绪的感觉、一种确定和确信的感觉。

如果你能在下一场比赛中发挥出自己的最佳水平，那会是什么样子？那会是什么感觉？别人会怎么看你？

有趣的是，想象你在即将到来的比赛中的表现不仅仅是为你提供心理上的安全感，而且科学家们已经发现大脑和神经系统无法分辨真实世界与想象世界的区别。当你花时间想象自己在比赛时的情景，也就是在比赛还没有真正开始之前，运用你的想象力想象球场上会呈现的各种场景——大脑实际上会认为你正在进行比赛。而且，这个过程可以帮你在心理上创建我在本书前面提到的"赛车道"。

当然，重要的是你要合理地看待想象对真实比赛的影响。想象并不是身体训练的替代品——我永远不会对球员这么说。所以，我们不要夸大其词。不幸的是，想象高举奖杯或"看到"一个满意的比分并不会让这一切成为现实。但是，为即将到来的比赛创造一个自我表现完美的内心图像或影片是一种非常有用的技巧。有几种方法可以优化你想象的图像，让图像更有意义、更具效能。

想象完美的图像

你应该每天花 5 ~ 15 分钟想象什么呢？什么样的内心图像能帮助你理清思绪、有效地集中注意力呢？

请允许我列出关于完美图像的 3 个组成部分：

• "能量条"和"信心条"。
• 比赛脚本。
• 控制器。

我将逐一介绍每一个组成部分。

构建你的"能量条"和"信心条"

当你带着满格的**"能量条"**上场比赛时会是什么样子？感觉怎么样？

• 能量——不停跑动、永不停歇。满格的"能量条"——奔跑、移动、关注脚尖，随时在观察四周、思考下一步的行动。

• 积极地跑位、强有力地封堵、快速地冲刺而不是慢悠悠地闲逛。

• 睁大眼睛，时刻做好准备，观察对手的跑动、队友的移动。

满格的"能量条"是什么样子的？会有什么样的感觉？你什么时候

会保存能量？你需要做多少次冲刺？

当你带着满格的**"信心条"**比赛的时候会是什么样子？感觉怎么样？

• 自信——不惧怕任何对手，稳稳阻截禁区内的横传球，大胆带球突破。

• 尽管出了点小错、落后了一球……无论发生什么情况都必须坚持。

满格的"信心条"是什么样的？会有什么样的感觉？满格的"能量条"是什么样的？又会有什么样的感觉？

要将你想象中的图像放大，让它们变得更突出、更鲜明。让自信和充满能量的感觉从头到脚遍布你的全身。这是不可思议的自信、无法言喻的能量。这看起来怎么样？是什么样的感觉？

执行你的比赛脚本

足球比赛也是一种表演。你最好的表演是什么样的？感觉如何？别人会看到什么？他们会怎么说？

你有一个内容丰富的比赛脚本，它就是你的目标。一场伟大的比赛取决于你如何让自己充满能量和信心去实现它们。这看起来怎么样？感觉又如何？

要将你想象中的图像放大，让它们变得更突出、更鲜明。想象一下通过自己的眼睛，从比赛场外的角度开始播放比赛脚本，想象完美的图像——你看到了什么？感觉到了什么？听到了什么？

想象你在比赛前已经在更衣室里做好了准备。在那个房间里，无论你是平静的还是躁动的，想象你平时做什么，你喜欢做什么，想象自己充满了自信。再想象你看着自己的比赛脚本并思索。在比赛前的最后几分钟想象你看上去是那么镇定自若、信心十足、渴望竞争。

"每一场比赛，从赛前热身到结束哨声响起，我都专注于我的比赛脚本。我通过即时回归我的脚本来快速处理分心问题。在球场上没有任何犹豫，只有我的比赛脚本，只有我的职责。"

将你想象中的图像放大，让它们变得更突出、更鲜明。用一场精彩绝伦的表演点燃你心中的卓越之火。将下面这段话牢记在心，并将它印刻在你的大脑中。

"当我比赛时，我就是我的比赛脚本中的那个球员。我与脚本中的那个球员牢牢黏在一起。我用专注、自由和热情来执行比赛脚本。在我的比赛脚本中，我就是一名优秀的足球运动员。我的比赛脚本就是不管是什么比赛、遇到什么对手、条件如何，我都要全力以赴。我对我的比赛脚本毫不怀疑。我就是我的比赛脚本中的那个球员，我的比赛脚本中的那个球员就是我。"

启动你的控制器

"我在球场上感觉很镇定，如同在家里一般。我有两个控制器——身体和自我对话。"

当我使用它们的时候是什么样子的？这会是怎样的感觉呢？

运用你的控制器时要强调速度。就像玩 FIFA 或《使命召唤》（ *Call of Duty* ）这样的电脑游戏一样，要以最快的速度和满分的精度来使用你的控制器。

当你需要提高自我对话的音量时，你可以按照自己的意愿调节音量。当你需要指导自己的比赛脚本或者"能量条"时，你的内心也会发出一种响亮的声音——命令和要求。因为这就是那些冠军们在体育比赛中所做的事情——随着比赛的进行，他们对自己的要求越来越高。

你现在应该开始对自己有坚定的信心，对比赛有必胜的信念，因为现在你已经知道你可以在球场上完全控制自己。现在你也应该知道该如何去操作了，你的自我对话和肢体语言是你的管理工具，它们能防止你产生无精打采或是沮丧的情绪，帮助你有效应对恐惧、怀疑、担心和焦虑，帮助你控制情绪，消除不必要的干扰，帮助你关注比赛场上的重要线索。

想象一下你在比赛中经常使用你的控制器。它们很简单，因为只有两个。想象一下用自我对话来使你的"能量条"和"信心条"不断得到提升，用控制器来保持你对比赛脚本的专注。

"当我踢球的时候，我感觉完全在自己的掌控之中。如果我出了个小错，就使用我的控制器。如果球队落后一球，就使用我的控制器。如果我开始出现某种消极的情绪，我也有一个即时的解决方案——我的控制器……"

创建内心图像

为你的足球比赛创建个性化的内心图像会让你在比赛中获得更多的成功机会。创建一些生动活泼的图像来丰富你的个人形象，可以帮助你有效地准备即将到来的比赛，但这些图像必须是你能实际控制的。如果你能够以一种非常具有个性化、具体的方式去使用你的内心图像，那么想象和视觉化将对你的比赛产生深远的影响。

创建一场远离公众关注的个人表演。每天观看自己比赛，观看、观看、再观看。在脑海中演练你的比赛脚本，并使用你的控制器。这就像用一个便携式电池充电器给"能量条"和"信心条"、比赛脚本和控制器的电池充电。周一开始充电，为周六的比赛做好准备。周二、周三、周四和周五补充电量。每天充电 5 ~ 15 分钟，坚持执行这个程序。我们差不多就准备好了……

技能十一

每天给你的内部电池充电。

第12章 马利是如何学习心理对比的

马利·沃特金斯在电话里叹了口气（他以前听过我提出的问题）。

"无论如何，我都要坚持我的比赛脚本，"他用威尔士语调无奈地说，"我要用胶水把我的比赛脚本黏在我身上。如果我在赛场上不能保持应有的专注，我就使用我的控制器。我会对自己大声喊出我的比赛脚本，并保持强势的肢体语言。"

我理解他厌倦的语气，因为我每周都会问他同样的问题，而他每次都是给出同样的回答。这也是我试图在我们的关系中建立的一种习惯，这个习惯将帮助他成为最好的自己。

这位现任巴恩斯利俱乐部（Barnsley FC）的边锋[①]一直在说："如果我犯了一个错误，我会运用自我对话和身体控制器。我知道肢体语言非常重要，我必须不停地跑位。对方的边后卫是一名很优秀的球员，他的跑位非常好，他总是让进攻的边锋很难有精彩的射门。但是，我必须使我的每个动作都保持侵略性，绝不能放松！"

在他说话的时候，我能听到他的思绪在翻腾。他在想象自己说的话。他在脑海中看到了他将要面对的挑战和问题。

"如果裁判做出了一个不利于你的判罚，你会怎么做？"我问道，"如果你没有专注于当前的比赛，你会怎么办？如果你的队友在比赛中表现

---

① 马利·沃特金斯在本书翻译成中文简体版时效力于英格兰足球冠军联赛的布里斯托尔城足球俱乐部。——译者注

得不佳，你会有何反应？如果你错失了一个进球得分的绝好机会呢？"

我提出的以上问题直接关系到我希望他在球场上展现的心理状态。我对马利的要求很严厉，态度也很强硬，因为我希望他在每场比赛中都有卓越的表现。事实上，他不可能在所有的比赛中都有卓越的表现，但是也没有理由证明他就不能使用他的"能量条"和"信心条"、控制器以及他为即将到来的比赛准备的比赛脚本。

我给马利提出的问题对你来说可能很奇怪，也许还有点消极。但我是故意针对马利提出这类问题的。我希望马利能够灵活地思考即将到来的比赛——我希望他能够进行心理对比。

不同的思维方式

当我听到一名运动员告诉我，他不需要和我交流，因为他已经在"积极地思考"时，我真的忍不住笑了。因为他对我的看法（我就是一个"积极思考大师"）与事实相去甚远。

正如你已经在本书前文读到的，我能够帮助球员灵活地思考他们的比赛。我要教会他们保持自信，同时理智地看待比赛中出现的冷酷无情的事实。他们如果不研究自己的弱点，就不会进步。

所有那些认为运动心理学只是关于"积极思考"的运动员们，我在这里要告诉你们，你们的想法是错的！运动心理学是研究思维灵活性的学科，能帮助你学会如何以一种信心十足的、实用的方式进行思考。

如果我说我希望你在比赛中限制自己的思维，你可能会感到惊讶。我只是不希望你仅仅将你的思维引向积极的一面。毫无疑问，我确实希望你想象自己在比赛中发挥出你的最佳水平。而且，我认为在想象中将比赛脚本执行得完美无缺也非常重要。最好的准备还包括一个不可或缺的方面，那就是出现差错时，你将如何应对？

这也正是一位非常有影响力的心理学家加布里埃尔·奥廷根（Gabrielle Oettingen）多年来一直在研究的问题，她称之为"心理对比"。她认为，为了给自己最好的机会去实现自己设定的人生目标，你必须花点时间去思考可能会遇到的各种问题，去关注那些阻碍你实现目标的障碍。

举个例子，如果某人的目标是变得健康强壮，他就应该考虑他要达到健康强壮目标过程中会遇到哪些障碍。例如，感觉太累而不想去健身房或被朋友邀请外出吃饭而不能去健身房。奥廷根认为，要给自己最大的机会来实现健康强壮的目标，你就需要有策略来克服这些障碍。在上面的例子中，你可能会选择在家里使用一些健身器材。如果你不想去健身房，就可以在舒适的客厅里做一些练习。如果你被朋友邀请去外面吃饭，你可能会选择吃沙拉而不是太油腻的食物（无论这样做有多么艰难）。

这些与足球运动员有什么关系呢？每场足球比赛对球员都会有不同的障碍和考验，它们会阻止你执行你的比赛脚本、发挥你的最佳水平。想想有哪些障碍和考验。对本队不利的判罚、对手的出色表现、队友一系列的低迷表现、恶劣的天气、破旧的球场等，这些都可以纳入你思考的范围。

如果发生上述情况，你会怎么做？你将如何应对？你的下一步行动是什么？你如何使"信心条"和"能量条"保持满格？如果你迅速地使用你的控制器会是什么结果？

思考一下你将如何应对比赛中出现的这些问题和挑战。如果你想成为足球场上的硬汉，你就不能忽视任何细节。5分钟的心理过程就足以将冠军与平庸之辈区分开来。

我要做什么

当马利·沃特金斯准备比赛时，他对可能发生的各种情况会坦然自若。他知道足球比赛并不总是按计划进行，他的身体不会总是表现卓越，他必须为保持专注、自信和自我控制而努力。正因如此，他每周都会重点关注心理对比的过程：

- 在赛前热身时我有一些不好的感觉，我要做什么？
- 在比赛中我将球踢偏了，我要做什么？
- 中场队员正在争取把球传给我，我要做什么？
- 我的第一脚传中把球踢到观众席中，我要做什么？
- 我错过了一个绝佳的得分机会，我要做什么？

通过问自己"我要做什么"，马利在脑海中创建了一幅蓝图，并且把这幅蓝图带进比赛中。

"我将持续地关注我的控制器，并迅速、敏捷地运用身体控制器，不遗余力地进行自我对话。"

马利·沃特金斯不可能在每场比赛都表现得完美，也不能在每场比赛中都有精彩的表现。但是他通过想象自己在即将到来的比赛中要经历的挣扎和努力，他会给自己一个最好的机会散发光芒。他在头脑中调制的类似鸡尾酒的各种应对方案将帮助他在比赛当天成为最好的自己，而且将帮助他成为一个不畏强手、坚韧无比、令人可怕的竞争对手。

令人可怕的竞争对手

在 2015 年苏格兰足总杯（Scottish FA cup）决赛的前一周，我和马利就一直在谈论要成为一个令人可怕的竞争对手。毕竟这是他职业生涯中最重要的一场比赛。

在马利来到巴恩斯利足球俱乐部参加英格兰甲级联赛之前，他曾在苏格兰超级联赛因弗内斯足球俱乐部（Inverness）效力。在 2014—2015 赛季，他就是一名非常出色的球员，获得了因弗内斯队与苏格兰福尔柯克队（Falkirk）决赛的出场机会。

比赛前几天，马利在电话里告诉我，他想通过进球和成为本场最有价值球员来结束一个出色的赛季。我很快做出了回应，让他把注意力集中在他能控制的事情上："什么情况会阻碍你在比赛中正常发挥？""什么情况会阻碍你成为本场最有价值的球员？"

马利稍微思考了一下，然后回答："我知道对方后卫已经为本场比赛做了充分准备。他们的身体很强壮，他们会紧紧地贴着我，不会让我有太多的进攻空间。"

"很好，那你打算怎么应对这种情况呢，马利？"

"本周我将重点放在我的跑位上。在这场比赛中，我必须先对方后卫一步，必须付出比以前比赛更多的努力，表现出更强的体能和精力。我必须让我的自我对话控制器发挥强有力的实际效果，并且随时随地保持高度警觉。即使我们落后一球，我也绝不会放弃。我必须保持一种不屈不挠的心理状态。"

我喜欢这个回答，我在通完电话之后马上给他发了一条文字短信，提醒他记住他对我说的这番话。我让他每天查看这条信息。我希望他每天看到自己说的这番话，并且将它们运用到实际比赛中去。

比赛那天，马利早已胸有成竹。他在这一周进行了心理对比，做好了充分准备去应对福尔柯克队的后卫们将要给他制造的任何难题。

当比赛开始以后，马利做了他告诉我他要做的事。他十分敏捷、充满活力、富有竞争力、头脑清醒且步法灵活。上半场进行到一半时，他的队友给他传出一个极具穿透力的助攻球将对方防线撕开，马利信心满满地迅速插上，在接到传球后灵巧地绕过对方守门员，然后轻轻地将球踢进球门。

当他跑向角旗庆祝时，他发出喜不自禁的尖叫。过去他在电话里与我进行的几十次关于他心理状态的谈话，那些关于自信、能量、专注、控制器和应对干扰的谈话都是值得的！他创造了属于自己的卓越品牌。

那天将永远留在马利·沃特金斯的记忆中。因弗内斯队在下半场凭借马利的助攻又攻入一球，最终赢得了奖杯。马利在比赛结束时被评为本场最佳球员。他也成为一个着实令人可怕、头脑聪明的竞争对手。

你身上的"马利"

以上就是我想给你提供的一个案例。我希望你也成为一个不畏强手、坚韧无比、令人可怕的竞争对手。我希望你也像马利一样准备比赛，在每次比赛之前对即将到来的比赛进行一次心理对比。

即使比赛场上出现任何"意想不到的复杂情况"，我都希望你保持清醒的头脑和敏捷的反应，而不是被各种干扰所拖累。我希望你的大脑快速运转，迅速找到解决方法。过去的已经过去了，最后一秒也已经过去了，那么接下来要怎么做？

如果你能有效运用"心理对比"这项新技术，并且爱不释手，那么这项技术对你准备比赛肯定大有裨益。你为内部电池充满了电量，你的"能量条"和"信心条"也达到了满格，你的控制器随时准备启动，你的比赛脚本已经编写完毕，你已经有了应对各种意外情况的解决方法。现在对你来说，一切准备就绪。现在你已经做好准备要成为一名伟大的足球运动员、一个值得信赖的队友。准备迎接激烈、残酷的足球比赛吧！

技能十二
想象最坏的情况来成就最佳的表现——每场比赛前进行心理对比。

激励小结

很多足球运动员将信心留给了运气，他们不太在意自己的自信，没有意识到这种最重要的内心感受的重要性，对自己的能量也同样漫不经心。他们只是做出各种设想，只是假设自己将要精力充沛地参加比赛。

有意识地关注自己的信心和能量，确切地了解什么样的行动、行为、态度、程序和思想可以帮助你充满自信和能量来参加比赛。

要像侦探一样千方百计地去寻找那些让你坚定自信的线索，找到那些让你充满能量的办法。

不论你发现了什么，每天都要提升你的"信心条"和"能量条"。焦虑和无精打采是一种选择，但它们不适合冠军级的足球运动员。

每天都要提升你的"信心条"和"能量条"。

*

我知道你想在比赛中获胜。这就是比赛的全部意义，对吧？但是你要怎么做才能获胜呢？足球是一项由程序、行为和特定心理素质所驱动的运动，而心理素质将为优异的比赛表现和随之而来的胜利提供最大的机会。

如果你是前锋，我知道你想进球。如果你是后卫或守门员，我知道你想保持零失球。你将如何实现这些目标？进球或失球都不受你的控制，你的任务就是把注意力集中在你能控制的事情上。

我想让你写一个比赛脚本，然后去执行它。当你犯了一个错误时，回到你的比赛脚本中；当你发现自己在以一种消极的方式进行思考时，回到你的比赛脚本中；当你沉迷于过去的表现而不能自拔，或者纠结于事情没有按照你希望的方式发展时，回到你的比赛脚本中。

这就是心理韧性，这就是足球的智慧所在，这就是足球的可控性。

你参加比赛的目的就是执行你的比赛脚本，成绩和结果会自然呈现。

*

正如你的心理会影响你的身体一样，你的身体也会影响你的心理。

你的身体能做的不仅仅是变向、头球、传球、射门和抢断，而且具有帮助你保持自信和能量的能力，具有帮助你保持专注和警觉的能力。

挺直身体、踮起脚尖、舞动双脚，抬起头，睁大眼睛环顾四周，这些都是你的身体控制器的功能。使用它们！当你的注意力分散时，使用它们；当你开始感到无聊或沮丧时，使用它们；当你的能量开始衰减或者你的信心开始下降的时候，使用它们。

随时运用身体控制器来保持满格的"能量条"、"信心条"和执行比赛脚本。

*

想法与自我对话是有区别的。你的各种想法是随机出现的，而你的自我对话则是有意为之。

这是一个重要的区别。冠军们在比赛时善于自我对话。他们的自我对话加大了他们的步幅，维持了他们的动力，并提醒他们什么是重要的。

将你的身体控制器和你的自我对话控制器结合起来。在比赛中进行自我对话和身体控制，坚持到底……

结合身体控制器和自我对话控制器，让"能量条"和"信心条"保持满格，并专注于比赛脚本。

*

所见即所得。

我希望你能看到一些强大的内心图像——那些完全处于你控制下的关于足球的内心画面。我想让你每天花点时间来看看你如何使用满格的"能量条"和"信心条"参加比赛，想象你的比赛脚本，想象自己在球场上使用控制器。

给你的内部电池充电。将你能控制的事情在脑海里描绘一幅蓝图。启动你的比赛程序，让你的表现自然呈现。通过这种方式，你可以在大脑和神经系统中构建完美而精确的比赛过程。

观看并感受你的比赛脚本，观察并感受你的"能量条"和"信心条"。在比赛中查看并感受你的控制器。

每天给你的内部电池充电。

*

准备成为足球场上令人可怕的竞争对手，重点关注心理对比。

确切地知道当出现错误时或者将要出现错误时你要做什么。射门会打偏，失误也会发生。天气会有变化，对手会超水平发挥。

无论你的足球技能水平如何，足球场上总会出错。在你进入球场之前，思考你的解决方法。问问自己，你准备如何应对场上出现的各种情况。

如果你的球队落后了一球，你会怎么做？如果你的队友踢得很差，你会怎么做？如果你失去了信心，你会怎么做？

要成为一个聪明的足球运动员，就要准备好接受比赛中的挫折。随着比赛的进行，会出现很多具有挑战性的时刻，你需要在比赛前制订策略，这样才能在比赛中成为一个令人可怕的竞争对手。

想象最坏的情况来成就最佳的表现——每场比赛前进行心理对比。

 比赛篇

　　此前，你一直在进行各种训练和练习来为你的比赛做准备，你也一直在执行你的训练计划以提升你的技能水平。你已经制订好比赛脚本，"能量条"和"信心条"也达到了满格，内部电池已充电完毕，你握着自己的两个控制器，现在你已经做好了参加比赛的充分准备，也做好了应对激烈竞争的充分准备。

　　然而，即使是最周到、最细致的准备工作也可能出现这样或那样的差错。比赛开始前，球员的身体会变得紧张僵硬；距离开球的时间越近，他们会越焦虑。他们会不知不觉地对自己产生怀疑和担忧，这种怀疑和担忧会笼罩他们的整个心理，动作和行为表现也像"卡壳"了一样，同时也使得他们对即将到来的比赛充满恐惧。

　　放松……保持冷静……要有耐心！

　　我知道你希望在比赛中有出色的表现，但是你不能强求自己踢出一场最精彩的比赛，同样你也不能将荣耀强加于自身。此时，你唯一能做的就是最大限度地提升你在比赛中的身体功能和心理状态。

　　本篇首先向你介绍比赛当天心理状态的概念，它是一种竞赛哲学，也是一套行为习惯。这套行为习惯将是你准备比赛例行程序的重要组成部分。

接下来我们将要讨论你在比赛场上的心理状态：

• 如何在比赛场上迅速消除那些无用、消极的想法！

• 享受足球的快乐，轻松自由、高度专注地参加比赛。

• 想想要做什么、什么时候做。

• 在压力情境下自信地表现自我。

伟大的运动员不会错过任何一个机会，因为他们的心理状态是开放的。一个伟大的后卫能聪明地意识到对方前锋可能进入的空间；一个伟大的中场球员能准确地意识到自己可以活动和控制的空间；一个伟大的前锋能敏锐地意识到自己需要把握的稍纵即逝的进球时机。伟大的球员都具有一种清晰、冷静、没有怀疑和担忧的心理状态。

放松……保持冷静……要有耐心！

所有你能做的就是在比赛场上尽你所能做到最好！这是你对自己所有的要求。本篇将为你提供一些实用且有效的哲学思想和技能策略来帮助你实现这一目标。

第13章　比赛当天的心理

内马尔（Neymar）因伤缺阵，队长蒂亚戈·席尔瓦（Thiago Silva）被禁赛，巴西球迷无法预料米内罗球场（Estadio Mineirao）会发生什么。

2014年7月8日，星期二，世界杯半决赛。这是史上最成功的足球大国的主场，巴西全国各地的2亿球迷都在为此呐喊助威。贝洛奥里藏特市（Belo Horizonte，巴西东南部城市）到处是黄绿相间的旗帜，热闹非凡，人们情绪高亢。对许多人来说，最终的决赛肯定是属于巴西队的。自从巴西队赢得了世界杯冠军之后，夺冠就成了这个国家的使命。

巴西队面对的是一支状态良好、渴望赢得世界杯最高奖项的德国队。巴西队在球迷的巨大压力下，在本届世界杯中勉强挤进半决赛。桑巴军团的节奏一直很稳定，但这支球队当年的表现充其量只能算是一般。

对于那些站在沙滩边准备庆祝巴西又一次获得胜利的人来说，接下来发生的事就是一场灾难，它简直是不可能的！他们钟爱的球队在不到30分钟的时间里就以0∶5的比分落后。无情又残酷的德国队利用巴西队一次又一次的防守失误不断得分。来自欧洲球队的速度和灵巧彻底摧毁了巴西人的信心，让他们失去了专注力和自信。

全世界的球迷都眼睁睁地看着眼前发生的一切，难以置信。电视上的评论员们对巴西队的频频失误到了无语的地步。巴西球迷简直是悲痛欲绝。赛后，被击败的巴西队主教练路易斯·菲利佩·斯科拉里（Luiz Felipe Scolari）宣称这是他人生中最糟糕的一天。而德国队主教练尤阿希姆·勒夫（Joachim Low）则解释说，巴西队"崩溃了"，意思就是巴西队在比赛的巨大压力下表现失常了。

奥斯卡（Oscar）在第 90 分钟踢进了一个安慰性的球，最后德国队以 7：1 的比分获胜。正如勒夫所描述的，巴西人确实崩溃了。这种在巨大的压力下表现失常的现象并不罕见，它会发生在每周球员和球队的训练里，也会发生在世界各地不同级别、不同水平的比赛中。我们需要更仔细地研究这种现象，并且通过揭示造成这种失常表现的根本原因而去努力争取优异的成绩。

大师也会犯糊涂

2014 年 7 月 8 日晚在贝洛奥里藏特市发生的一切就是我们热爱体育运动、观看体育赛事的原因之一，即比赛是不可预测的，它会产生无数个令人震惊而沮丧的故事，也会产生无数个从默默无闻到巨大成功的故事。

那场对巴西队来说意义重大的半决赛就是一个"大师也会犯糊涂"的典型事例。一批世界顶级的足球运动员竟表现得如此不堪一击，球迷、足球界的权威人士和解说席上的专家们都对他们所看到的情形感到震惊，一支如此优秀的球队怎么会表现得如此失常呢？

请允许我告诉你我对巴西队球员那天晚上的看法，只需要几段话。

你在球场上的表现取决于你体内释放的激素，你的内在心理驱动你的外在表现！虽然听起来有点奇怪，但先请原谅我这样说。

当你笑得很开心的时候，那种在你体内沸腾的美妙感觉是一种叫作内啡肽的激素释放而产生的结果。

当你觉得自己真的很有竞争力的时候，当你真的准备好一场比赛或想有出色表现的时候，这种激励性的感觉在你的身体里涌动，是一种叫作睾酮的激素释放而产生的结果。

当你真正专注于某项活动的时候，这种沉浸感是因为有一种叫作多巴胺的激素在激活你的身体。

当你感到非常紧张或者焦虑的时候，这种"压力山大"的感觉会伴随着皮质醇的释放而产生。

你看，很简单，在你的每一种感觉中都会产生一种激素带给你不同的体验。这些激素很强大，一旦你释放它们，它们不仅会决定你的内部感受，还会影响你的外部行为，并且会影响你的比赛表现。

所以，重要的是你要学会如何释放那些让你感觉良好的激素，这样你才能尽你所能做最好的自己。你必须努力去获得那种赢球的感觉。

赢球的感觉

科学已经证明，当你开始感觉自己将在比赛中有很好的发挥时，开始相信自己能赢球时，你的身体就开始释放出一种超乎寻常的与竞赛表现相关联的积极激素。当你走向成功时，一种名为多巴胺的化学物质会打开你大脑中的快乐中枢，让你产生亢奋和美妙的感觉。

然后，与你的竞赛表现相关的激素——睾酮和肾上腺素会通过你的血液循环给你力量和警觉。你做深呼吸，可以为大脑和肌肉提供更多富含氧气的血液，因此你会体验到一种满满的幸福感，会感到身心愉悦而不知疲惫。

当你在球场上比赛时，这种竞赛表现与积极激素的完美融合会充分激活你的心理状态。你的视野会更开阔，行动会更迅速，注意力会更集中，反应会更快捷，决策会更合理。你会觉得你有更充分的时间去反应、预测、完成各种动作。

这看起来怎么样？这是什么样的感觉？

抬起头观察四周、观察全场。体验灵巧与速度，伺机发现场上空当，并且迅速插上；及时补防危险区域；接球、回传。多观察，多跑动，尽量保持轻松自如。

充分激活的心理状态是什么样的？它是一种怎样的感觉？

德国队球员在比赛中就有这种强烈的感觉，当他们在前15分钟内连续进了2个球后，他们的"致胜激素"就开始加速分泌。他们能更快地发现空当和对方的漏洞，他们的反应极快，总是能抢回控球权。他们比对手更有力量，表现出更强的竞技能力。相比之下，巴西队的球员体内的化学反应则完全是另外一种情况。

输球的感觉

当你开始产生要输球的感觉时，你就会进入一个恶性循环。多巴胺和内啡肽开始消散，导致大脑中的快乐中枢开始关闭，这种失落的感觉释放出压力激素——皮质醇。当皮质醇和已经扩散到全身的肾上腺素混合时，就会让你感到极度焦虑和恐惧，你会有一种难受的感觉。你的身体会变得紧张，很难做出协调的动作。在极端的情况下，你的身体甚至会变得不由自主。

这看起来怎么样？这是什么样的感觉？

视野变窄，难以统观全局；节奏变慢，无精打采；双脚迟滞，步伐沉重；比分落后，不知所措。

当巴西队球员排队上场准备参加半决赛时，他们既紧张又害怕。他们知道只有赢球才算完成任务，但是他们既没有"定海神针"内马尔，也没有"精神领袖"席尔瓦。他们知道德国人很强大（德国队确实非常强大）。他们也知道整个巴西都在期待着这一场胜利，而不仅仅是祈祷。

这3种情况的结合给巴西队带来了巨大的压力。皮质醇在这些球员的血液中不断流动，从而造成了一种集体焦虑，在比赛之前就产生了"输球"的感觉。

巴西队的领队在场边沉默不语。队伍整体的移动速度缓慢，一些球员甚至开始畏首畏尾。后卫们不清楚自己的位置和德国球员的跑动，这让德国球员很容易就找到了巴西队的防守漏洞，并且成功突破。这种"输球"的感觉彻底摧毁了巴西队球员的进攻力量，也消除了巴西队对德国队的进攻威胁，导致巴西队变成了一支纯粹的防守队伍，从而面对对方的进球俯首称臣。

事情就是这样，比赛就这样结束了。皮质醇淹没了巴西队的球员，完全抑制了他们在球场上的发挥，彻底瓦解了他们的竞技能力。

那么，作为一名足球运动员，你如何确保这种事情不会在你身上发生呢？你在上场比赛之前，如何才能获得那种赢球的感觉呢？

放松

在这里，我要给你一个惊喜，我要对传统的赛前思维提出我个人的不同看法。

我希望你千万不要对自己的竞赛表现提出任何强迫性的要求，你最好能完全放松，让你的注意力彻底从即将到来的比赛中转移出来。

- 如果你希望在适宜的强度下进行比赛，就要放松。
- 如果你希望精力充沛，就要放松。
- 如果你希望给自己一个自信地完成比赛的最佳机会，就要放松。
- 如果你希望有一个清晰的头脑、一个准备好应付比赛中各种挑战的头脑，那么你就要放松。

你应该记住以上的话，并且对自己不断重复——不要对自己的竞赛表现提出任何强迫性的要求。你越是强求，事情就会变得越糟糕；你越是强求，你感受的压力就越大；你越是强求，你在比赛中就越紧张！

我在不同级别的足球运动员身上一次又一次地看到这种情况的发生。他们在参加一场重要的比赛，但是他们都过于玩命了。有一个青年队的球员，在他的第一场青训比赛中，他想给教练组留下深刻印象，想向他们展示自己有多么优秀。所以他告诉自己，他需要一次展示自己最佳水平的表演，他试图让这一切发生。然而，也许是他对自己的比赛过于焦虑，他在场上开始像无头苍蝇一样跑来跑去，以至于后来根本跑不动了。他变得恐惧和畏缩。结果事与愿违。

我在不同级别的比赛中都看到过类似的情况。在女足世界杯上，我就看到过这种情况，有些球员在"必须表现优异"的巨大压力下完全发挥失常。她们顺利通过小组赛进入淘汰赛，她们会想："这是我一生中最重要的一场比赛，我今天必须有超乎人们想象的表现！""我必须在今天的比赛中保证不出任何差错，否则我会让教练、队友、家人……所有的人失望！"那么，接下来会发生什么呢？她们在比赛场上全身紧张、动作僵硬，她们的心理也像被浓雾笼罩一般，完全理不清头绪。她们又忘记了使用在国内联赛为俱乐部效力时屡试不爽的心理"雨刮器"来消除眼前的迷雾。她们就是不能在比赛的过程中保持一种清醒的心理状态！

没有任何人可以避免自己在比赛中拼命努力的想法，这是完全正常的，也是可以理解的，而且也是难以抗拒的。但是，你必须锻炼自己的意志力去对抗这种尝试，因为这种"必须表现优异"的强迫性尝试是比赛中最无情的杀手之一。它扼杀了英格兰足总杯（FA cup）决赛，使英超联赛的某些场次大失水准。在西班牙国王杯（Copa Del Rey）很多场次的比赛中，球员的表现也远远低于人们预期的水平，原因就是这些球员在球场上过于拼命，对自己的心理状态和身体功能提出了过分的要求。

也许巴西队球员在那场决定命运的世界杯半决赛中更多需要的是放松，而不是那种过分的尝试，也许他们不应该将关注的重点放在自己背负的沉重期望上。

即使他们的明星球员受伤而不能上场，球迷们仍然戴着印有"加油，内马尔"炫酷字样的帽子四处游逛。即使球迷会给这一拨世界上最优秀的球员带来紧张、压力、焦虑和担忧，他们应该让自己投入一种兴奋与狂热之中。

放松……保持冷静……要有耐心！让我们给自己一个提升"信心条"和"能量条"的机会，让我们为自己的行为准备好控制器。最好的自己会是什么样子？最好的自己又是什么感觉？

我们不能强迫自己在今天奉献一场伟大的比赛。但我们应该相信，只要我们坚持自己的比赛脚本，完全掌控自己的自我对话控制器和身体控制器，我们就会成为最好的自己。除此之外，别无所求！

没有人可以强求自己的比赛结果，也没有人可以强迫这种情况发生。否则就是痴人说梦，而不是现实生活中的足球比赛。我希望所有球员在比赛当天都能放松下来，用一种良好的心理状态和轻松的身体准备应付90分钟充满紧张与压力的激烈比赛。这就是我要求所有球员都要制订一个比赛当天的例行程序的原因。

比赛当天的例行程序

每场比赛都必须以同样的方式来对待，以同样的风格去完成。这就是比赛当天的例行程序的用武之处。

比赛当天的第一条建议非常重要，请仔细阅读。我要给你一个小小的惊喜，因为我要讲述的内容背后会有一个非常严谨的科学解释。

从你醒来的那一刻起，我希望你不要去思考比赛。我一点都不希望你去想它，甚至我希望你直到开球的前 2 小时都不要去想足球。

为什么？因为你会过早地释放你的活动表现激素，会分泌大量的肾上腺素。

你是否曾经在刚开球时就感到疲倦呢？你是否曾在比赛开始的那一刻就感到昏昏欲睡呢？我已经从无数的球员那里得到了肯定答复。

如果你发现自己在比赛开始前就感到了极度疲倦，那是因为你在之前的几个小时里对比赛思考得太多了。你一次又一次地想象你的表现，这种形式的视觉化过早地释放了你的肾上腺素，过早地耗尽了你的能量储备。

正如前文所讨论的，大脑无法区分真实的比赛和想象的比赛。当你想象出你想要在赛场上如何表现的内在画面时，你的大脑就会认为你真的在比赛。因为大脑和神经系统都认为你此刻在比赛，所以它们会过早地释放肾上腺素到你的血液中，以至于耗尽了你的能量储备。

如果你是一个晨起思考者——从你醒来的那一刻起你就沉浸在你的足球世界里，那么请你停下来！放松、冷静、保持镇定。将你所有的注意力从即将到来的比赛，甚至是与足球相关的一切信息中解脱出来，保持住你的"能量条"！

赛前 2 小时

伟大的球员需要掌握放松与紧张之间的动态平衡。现在你的身体适当地放松了，头脑也完全清醒了，是时候开始加热了。

为此，你必须从"工具包"中取出比赛脚本。接下来就要开始获得那些你所期待的自己如何参加比赛的内心画面了，这些画面是超乎人们想象的。所以你需要审读比赛脚本。

你的超乎人们想象的比赛脚本是什么样的？它带给你什么感觉？

如果你精确地执行比赛脚本，别人会怎么看？你会做出什么样的跑动与反应？你看起来有多自信？

当你在脑海中构思比赛脚本时，要确保你的体内充满了积极的情绪。感受自由的力量从你的脚下升腾、感受自信在你的腿间流动、感受兴奋在你的腹腔里膨胀。让你的身体热得发出咝咝的声音。

如果你能比以前更好地执行比赛脚本会是什么样子？如果你能按照自己理想的风格来执行比赛脚本，你又会有什么感觉？别人又会看到什么呢？

要清楚只有处在一个放松的环境，你的紧张度才能有效得到缓解。如果你太情绪化，在比赛的当天早上想得太多，那么在比赛的时候，你的兴奋度会直线下降。你的肾上腺素会被过早地耗尽，能量也会衰竭。

在赛前 2 小时开始构思并在脑海中演练你的比赛脚本是最有效的。这样，兴奋度才能缓慢、有效地增加到适宜的水平。拿着你的比赛脚本，把它刻到你的大脑里，这是你在比赛当天要做的第一步。

热身准备

现在，你的"信心条"和"能量条"都满格了，你的比赛脚本也帮助你塑造了属于自己的"足球大脑"。接下来你也知道做什么了。

你应该取出你的控制器——身体控制器和自我对话控制器。现在就激活它们，并以最快的速度做好运行准备。

每个足球运动员都要做身体上的热身，这是毋庸置疑的。如果你没有提前做好拉伸，就去完成一些与速度和灵活性相关的活动，体会触球的感觉，并去做类似跑步、移动、扭转、转身、踢球和铲球这样的动作，否则你将面临极大的受伤风险。

我希望有一天，所有的人能同样关注心理上的"热身"，就像习惯身体上的热身一样。这也是我给前来咨询的所有运动员布置的一道作业题——他们必须将身体热身也当成一次心理"热身"，必须激活自己的注意力、信心、信念、分心控制、情绪管理和注意力集中等心理因素。

要做到这一点，他们必须在开始身体热身的同时就使用自己的两个控制器。同样，我也希望你这么做。

我希望你使用你的身体控制器，慢慢地、有意识地体验你的身体每一个部位的动作。踮起脚尖，挺直身体，呈现一种积极的身体姿态。

"关注我的脚趾，用力将身体往上顶，跑动，在跑动中挺直身体，抬起头观察四周、通览全场，敏锐地观察，不停地跑动。"

要始终关注你的身体控制器，不能让它停下来！冠军们给人的印象就是始终保持高度的敏锐性。即使他们站着不动，也保持着随时启动的准备姿势。他们总是睁大眼睛环顾四周，获取各方面的信息。

"我有能量，加油，加油！看左边，再看右边；跑动，跑动，不停地跑动；专注脚下，尽情地展示自己。"

如果你发现自己的身体"停机"了，那就要借助身体控制器迅速地将它"重新启动"，从而让你始终保持敏锐、专注执着、坚韧顽强。通过运用身体控制器，你还可以保持注意力，自信地完成动作，保持精力充沛，并且管理好自己的情绪。

同时，你还要让自我对话控制器参与其中，让它在你上场比赛的时候对你进行指导——不是用复杂的语言，而是用你比赛脚本里的那些词汇。你已经有一个与你的场上位置与职责相关的模板（比赛脚本），所以，你在练习控球或者踢小场地比赛时就可以利用这个机会在心理上练习你的比赛脚本。现在，你要做一次正式的完整预演。你最好能充分利用这个机会。

你在热身的同时，要创建一幅你期望重建的蓝图。用你的两个控制器去演练比赛脚本，去点燃身体，并且激活心理状态。当你这样做的时候，你就会发现一个存在于放松与紧张之间、努力与平静之间的平衡。

赛前 10 分钟

赛前的最后 10 分钟到了！这时你要松开对两个控制器的约束，并且减轻心理负担。现在要做的就是多做几次深呼吸，让自己的身体完全放松。

对于许多球员来说，赛前的最后 10 分钟是教练员在更衣室发号施令的时候，也是球员们洗耳恭听教练指导的时候。听取教练员的指导很重要，你也必须接受教练的指导。但是，这 10 分钟也是你用来做到清醒和平静的时间，以获得冷静的心理状态和必要的身体放松。

我希望你能利用这段时间再一次调动自己的内部能量，以及演练你的比赛脚本。你已经在热身时预热了你的身体，现在我希望你通过自己心理上的眼睛扫描比赛脚本来激活你的心理状态。

　　"如果我今天能满怀信心、精力充沛、高度专注并且信念坚定地去执行我的比赛脚本，那会是什么样呢？"

　　此时是你为自己阐明比赛意图的时候：

　　"今天我会尽最大努力去执行我的比赛脚本。我不能强求自己的比赛结果，我所能做的就是按我的比赛脚本参加比赛，尽我所能做到最好。我将使用我的两个控制器去执行我的比赛脚本，我会在必要的时候迅速使用我的两个控制器。我会冷静地使用身体控制器，并且及时、有效地使用自我对话控制器去执行比赛脚本。以上就是我对自己的全部期望，这也是我所能做的全部。"

　　现在，你可以上场比赛了。你的身体和心理既放松又专注，并且清楚地知道自己的目标是什么。你自信满满、精力充沛，万事俱备，只等比赛开始。

　　现在你可以上场比赛了……

技能十三
制订一份比赛当天的日程安排，并且让它成为例行程序。

第14章　大脑的周围神经活动与"蚂蚁窝"

现在，你已经完成了赛前例行程序的各项内容，并且你的身体和心理也充满了自信。

"我准备好比赛了。我不能强求自己有一场完美的表现，我只要坚持比赛脚本，并且保证"能量条"和"信心条"满格，就可以踢得很好。我有两个控制器——自我对话控制器和身体控制器。如果我及时地使用它们，那么我就会拥有一场精彩的比赛。"

身体上的热身已经激活了你的"心理肌肉"。

"自信的狮子——强壮有力，努力踮起脚尖，积极、再积极一些，挺直身体，高大威猛。加油！我就是一头自信的狮子！我就是一头自信的狮子！"

"啊！那只是粗心大意造成的小失误，忘了它！自信的狮子，要敏锐、再敏锐，轻巧灵活，不停地跑动、跑动、跑动、跑动，看上去已经做好充分准备，并且真正做好了充分准备！"

赛前10分钟再次确认你的比赛脚本。

"我的比赛脚本是要成为一头自信的狮子。在比赛中，我的第一步就是不论什么情况下始终都踮起脚尖，这看起来怎么样？这是什么感觉？第二步是时刻观察我盯防的对手所处的位置，这看上去怎么样？第三步就是在场上大声喊叫并且支援队友，这看起来怎么样？"

现在要上场比赛了，牢记你的目标。

"我所能做的就是运用两个控制器去执行比赛脚本，并且尽可能地让"信心条"和"能量条"保持满格。这就是我能做的全部！"

要随时准备好使用你的控制器。如果你犯了一个错误，那就使用控制器重新回到比赛脚本；如果你的球队比分落后了，那就使用控制器坚持比赛脚本，同时尽可能保持自信条在满格；如果你的球队比分领先了，那就继续使用身体控制器和自我对话控制器坚持你的比赛脚本，同时尽可能保持"能量条"满格。

"踮起脚尖，保持积极的心理状态，专注、专注、再专注，'我的球'……要大声喊叫。自信的狮子，要保持自信。"

"凶狠地抢断，坚持比赛脚本。自信的狮子，要继续保持乐观向上、积极进取，注意观察。我盯防的对手在那里，看住他。"

"自信的狮子，专注比赛，继续努力，要不停地跑动。挺直身体，随时做好准备，我盯防的对手在那里，贴近他，加油、加油、再加油……"

当然，在真正比赛时，你不可能像这样对自己说话。你的大部分行为都是出于本能和下意识的。

但是，你随时做好使用两种自我控制器是很重要的。在比赛期间，你会时不时地需要运用它们。即使你站着不动，你也可以运用身体控制器进行自我检查。比如，时刻踮起脚尖保持行动的警觉性，让你做好随时移动的准备。

• 保持警觉——行动要警觉。

• 保持敏捷——行动要敏捷。

• 保持专注——行动要专注。

• 使用控制器——做到你想成为的自己。

尽管你的头脑中没有现场解说，但是你必须不时地使用自我对话控制器来提醒自己坚持比赛脚本，以及维持"能量条"和"信心条"满格。

你必须积极主动地运用自我对话，但很多球员在比赛中都是被动地进行自我对话。如果我可以偷偷地在你的脑子里装上一台录音机（一台可以录下你内心声音的录音机），我会很想听到与你的比赛脚本有关的句子，我也希望听到与你的比赛脚本相关的词语——那些能激励你行动的词语，在必要时能让你放慢节奏的词语，让你降低紧张度的词语，帮助你预测、跑动、占据有利位置和封堵对手的词语。

我非常推崇你在比赛中使用那些激励自己的句子和词语。它们会帮助你集中注意力，保持警觉，充满活力；它们可以提升你的信心，减少与比赛无关的想法；它们可以帮你摆脱分心的困扰。

体育比赛的冠军们都会自信地进行自我对话，采取各种行动。当周围的人陷入恐慌时，他们会通过自我对话给自己的身体带来一种平静的力量。即使最终没有取得胜利，他们也表现得像个胜利者。不管比分如何，他们会表现出胜利者应有的态度，把自己当成胜利者。这就是他们会成为冠军的原因！

冠军们在比赛中能灵活地运用自我对话和肢体语言。他们在每一场比赛中都努力保持专注、自信、放松，并且通过自我对话和肢体语言的综合运用，使自己在适当的强度下去完成比赛。他们是这样说的，也是这样做的，于是他们就成为了他们期望的自我！

这就是你的自我对话控制器和身体控制器必须成为你足球 DNA 的原因。这两个控制器是你在比赛场上主要的自我调节器，你需要它们。足球比赛并不像我们想象的那么简单，事实上，比赛场上你有两个对手。

第一个对手是显而易见的——你要面对的对方球队。第二个对手则不那么明显，它就是在你比赛的时候侵入你大脑的那些破坏性思维。这些内心的"恶魔"之所以出现，是因为大脑的工作方式——不仅是在足球比赛中，在生活中也是如此。接下来，让我们来仔细看看那些破坏性思维是如何微妙地调动你最重要的肌肉而影响你的行为表现的。

大脑的周围神经活动

你的大脑从来就没有安静过，它的内部始终存在一种嘈杂的噪声。如果你有机会看一下你的大脑的电活动，那肯定就像从外太空看地球表面的风暴一样。大脑一直处于兴奋、激动和活跃的状态，其结果就是在你的意识中各种各样的思维和想象在无休止地争夺你的注意力。

这是一个被脑科学家们称之为"周围神经活动"（Ambient Neural Activity，缩写 ANA）的过程。很多足球运动员经常问我，为什么在比赛中要抑制那些总是让人分散注意力的内心想法会如此困难？这是因为大脑神经细胞之间在不断地建立连接、处理连接和重新建立连接。当然，它们不会中断或打扰你的日常生活。

这就是在体育运动中集中注意力是如此具有挑战性的原因之一。你正在参加足球比赛，同时各式各样的想法也会进入你的大脑。你或许已经注意到了这种现象。

我曾经与一个参加过英超联赛的球员一起讨论过他参加比赛的情况。他每周在4万人面前比赛时，他的脑子里都会突然蹦出一首歌，歌声不断地在脑子里回旋，他会一边比赛一边唱歌。

当你在比赛时，你的各种想法是否会跳跃式地闪现、飘浮？一些想法是否会突然进入你的大脑而使你分心？

你在比赛的时候，有些无关的想法会偶然进入你的大脑，你的大脑的周围神经活动也会在场上出现某种情况时将相关的一些想法推送到你的意识中。比如，领先一球、落后一球、出现失误、成功过人、精准传球，以及其他发生在90分钟比赛中的类似情况。当然，正是因为有大脑的周围神经活动，我们在比赛中才能对周围发生的情况及时做出判断。

- "我真不敢相信我错过了那个得分机会，我今天绝对不会再进球了！"
- "已经领先一球，我们胜券在握了！"
- "哎呀，这一脚传球太臭了，我真不能再有这样的传球了！"
- "这一脚球真是匪夷所思，感觉棒极了！"

当你在比赛的时候，你的大脑也会随着比赛的进行加快活动节奏。事实上，它能在几毫秒内产生想法——对比赛场上发生的情况即时做出相应的反应和应答。大脑的周围神经活动的速度很快，对你的比赛可能产生致命的影响。你必须正视它，必须控制住在比赛中产生无关想法的冲动，并在每次比赛结束后做出判断和分析。为什么？因为大脑的周围神经活动会产生"蚂蚁窝"。

"蚂蚁窝"

在《打造足球大脑：学习英超球员的心理策略》中，我介绍了"蚂蚁窝"的概念。

"蚂蚁窝"是"无意识消极想法"的形象表述，这种消极想法会吞食你的注意力，侵蚀你的自信心。当它们在你脑海中徘徊时，会使你的身体变得紧张僵硬，同时让你产生怀疑、担忧和恐惧的情绪。它们是竞赛心理状态的一个共同特征，因为在压力情境下，大脑喜欢与你作对。大脑不喜欢理性地工作，它不是为了理性而生的。大脑是用来警告你所面临的危险或威胁的，比如你犯了一个错误、错失了一个进球、裁判正在做不利于你的判罚、对手看起来非常强大等。

大脑喜欢记录失败，它会逐渐引导你的注意力指向当前比赛遇到的那些问题。当我们的注意力被这些问题霸占时，无意识消极想法就会堆积起来。

"我真不敢相信我居然犯了那种错误。我踢得太糟糕了。如果我再继续这样下去，肯定会被淘汰的。如果我被淘汰了，就再也不能回球队了……"

无意识消极想法会快速繁殖。一个简单的、微小的消极想法可以衍生出几十个自我批评的想法，从而干扰你专注、轻松地参加比赛，导致你不能在赛场上协调、紧凑和流畅地完成各种技术动作。

这些消极想法如果集合在一起，则会让我们在比赛中产生忧虑和恐惧的情绪，使我们过于小心，在做决策时优柔寡断。所以，伟大的足球运动员必须有一个应对那些无意识消极想法的碾碎程序。

无意识消极想法的碾碎程序

在《打造足球大脑：学习英超球员的心理策略》中，我介绍了一种简单的碾碎"蚂蚁窝"的方法。在这里，我将进一步强化"及时发现 – 立刻中止 – 迅速转移"的原则来对付那些作祟的消极想法。它也是一种简单、快捷、有效的方法。

及时发现 – 立刻中止 – 迅速转移

在《打造足球大脑：学习英超球员的心理策略》中，我介绍了一种经典的心理技巧——中断思考。它是一种形式简单，但功能强大、实用有效的方法。有一些人对这种技术不太熟悉，我们可以一起来讨论和分析这种碾碎"蚂蚁窝"的方法。

（1）及时发现

要想消除这种无意识消极想法，首先你必须发现它。你必须意识到这一点。我要求所有与我一起工作的运动员要在训练场上花时间去确认他们在何时何地会出现无意识消极想法。

有些人会在犯了错误后出现消极想法，有些人则会在失球后或是在别人犯了错误后产生无意识消极想法。曾与我合作的一些球员总是围绕自己当前的比赛和接下来发生的事情产生无意识消极想法。他们在比赛时会担心被替换下场或者担心不能入选下一场比赛的出场名单。

我曾经帮助过球员去应对因对手而产生的无意识消极想法。后卫可能会因为对方前锋的实力太强而产生这种消极想法——他们速度太快、身体太强壮、技术太优秀了。对方前锋可能会在他们的脑海中编织一个故事（也属于无意识消极想法）——关于对方后卫是多么地强大和活跃的故事。

无论你的无意识消极想法的内容是什么，为了能有效地应对它们，你必须提高能够及时发现它们的技能。这当然不是一件容易的事，因为你的足球思维在很大程度上已经被训练成固定模式，就像你可能意识不到你在球场上表现出来的身体习惯一样，你也可能意识不到那些支撑你的每个决定、每个行动和每个动作背后的心理模式。一个足球运动员需要培养一种确认自己如何进行自我对话的能力，也需要注意到在比赛中什么时候会以一种破坏性的方式进行思考。或者正如我说的——"要及时发现无意识消极想法"。

（2）立刻中止

下一步是中止无意识消极想法，及时发现，然后立刻中止！换句话说，你当前的主要任务就是立刻中止那些影响你的站位、跑动、视野、意识和注意力的消极的想法。

根据我的经验，足球运动员中止消极想法越快，他们的技术发挥就越有效。当一个足球运动员允许一种无意识消极想法留在脑海中时，这个想法的破坏性就会变得越来越大，一种无意识消极想法很快就会引发其他无意识消极想法。

"我今天踢得太糟糕了，只要遇上这支球队我就从来没有表现好过，我快要崩溃了……"

"这名前锋太快了，我觉得我快要认输了，我要让我的队友们失望了……"

从理论上讲，立刻中止无意识消极想法很简单，但是在实践中却很难做到。我给球员们提出的要求是让他们在自己的脑海里设想一个"立刻中止"的标识，想象一个大大的、红色的立刻中止标识，就像你在路边看到的那些禁止标识一样。

你也可以对自己说"停"。如果你愿意，你甚至可以在心里大声叫"停"。你需要一些你能清晰看到的标识或说出来的声音，让它们将你拽回当下，立刻中止无意识消极想法的蔓延。

正如"及时发现"需要练习和耐心一样，"立刻中止"也是如此。一旦你及时发现无意识消极想法，就立刻中止它们。在平时的训练中就要这样做，你练习得越多，就越擅长控制无意识消极想法。

（3）迅速转移

现在，你已经**及时发现**了自己的无意识消极想法，也**立刻中止**了它。接下来，你必须**迅速转移**它，迅速转移到那些更有益和更具建设性的事情上去。

为了帮助你理解迅速转移的含义，我想让你现在就尝试做一个小实验。接下来的 10 秒钟，我想让你想想自己家的卧室是什么样子的？在你的脑海中形成一个卧室的画面。然后，你想想你家中的厨房是什么样子的？在心中形成一个厨房的图像。

这看起来可能太简单了，但是我希望你回想一下这个实验的全过程。你的大脑有能力在不同的想法之间迅速转换。我们都可以有意识地将注意的焦点从一个对象转移到另一个对象上，而且往往是无缝衔接的。

现在，我想让你用以上同样的方法，想象你过去表现最好的一场足球比赛和你过去表现最糟糕的一场足球比赛。花几秒钟想想最好的自己是什么样的，然后再用几秒钟想想最糟糕的自己又是什么样的。你必须将自己的注意力指向关注的对象。

接下来，结合你注意的焦点和思维的方向进行演练。先用 10 秒钟的时间思考你的家庭成员，然后用 10 秒钟去想想你最亲密的朋友，再花 10 秒钟想想你最喜欢的那个地方，然后花 10 秒钟专注于你最喜欢的那部电影。

我之所以要求你完成以上的这些任务是因为我想让你能够明白，每个人都具有迅速转移自己想法的能力，我想让你体验迅速转移注意力是一种什么感觉。

要想成为最好的足球运动员，你必须具备在关键时刻能够迅速转移思维的能力。在你**及时发现**自己的无意识消极想法并且**立刻中止**了它们之后，你必须**迅速转移**你的无意识消极想法。一定要以闪电般的速度！

就像你不会期望一只蚂蚁引来一大窝蚂蚁一样，你也不会期望某一个无意识消极想法在你的脑海中筑巢，从而衍生出越来越多的无意识消极想法。你肯定不会期望让这样一个大大的"蚂蚁窝"来破坏你的技术动作、扰乱你的比赛节奏、限制你的活动范围、降低你的奔跑速度、侵蚀你的比赛信心。

我希望你像过去向我咨询过的那些运动员一样，具备这种迅速转移的能力。你可以将自己的注意力从那些分心的因素中迅速转移出来，从过度消极的心理状态中迅速转移出来，从过去的错误上迅速转移出来。你完全可以摆脱那些与比赛不相关的消极想法。

这里有几种方法可以帮你实现以上目标。我发现，不同的球员往往会使用不同的方法来转移他们的无意识消极想法。没有什么方法是万能的！以下是你可以借鉴的有关转移的 4 种方法：

- 迅速转移到比赛脚本。
- 迅速转移到积极的身体动作。
- 迅速转移到自信的自我对话。
- 迅速转移到建设性的自我对话。

第一种也是最有效的方法是迅速转移到你的比赛脚本上。通过使用自我对话来让你回归到你的比赛脚本中，你便能够专注于与比赛相关的内容。这是一种特别简单而有效的方法，可以用来对付那些因失误和不相关的想法干扰而产生的无意识消极想法。

- "这真是一个可怕的失误！别想了，回归到比赛脚本！"

●"裁判的判罚太不公平了！别想了，专注于自己的比赛脚本！"

●"我真不敢相信教练竟然拿我开刀！别想了，还是专注于自己的比赛脚本！"

按照以上的方法，你就不会有关于当前情况的内心讨论，也不会对已经是既成事实的判罚或决定产生是否公平的内心争执。你只需要将你的注意力集中在对你最重要的事情上——你的比赛脚本。

同样，将注意迅速转移到积极的身体动作上可以避免任何自我争论。这是一个简洁、快速和强制性的过程。你一旦听到了无意识消极想法的声音，就用你的身体完成某些动作去立刻中止它，并且迅速转移它。选择权完全在你手中，没有哪一种身体解决办法是绝对正确或绝对错误的。

●"我不敢相信我们会落后一球！停，别想了（转移到我的脚上）。"

●"我今天踢得太糟糕了！停，别想了（通过大声喊叫来转移吧）。"

●"我们不可能赢得今天的比赛了！停，别想了（转移到保持强势的身体姿势和敏捷的行动上）。"

正是将你的注意力指向你的身体，并且通过你的身体完成某些动作的过程，就足以在"蚂蚁窝"完全占据你的心理和身体之前把它碾得粉碎。

我接触的很多足球运动员都喜欢简洁明了。他们享受这样的事实：他们可以通过积极的身体动作和回归比赛脚本来碾碎那些不可避免的无意识消极想法，从而控制自己，并在比赛中自由流畅地发挥。当他们投入比赛时，这会给他们一种轻松自如的感觉。

"我知道我的"蚂蚁窝"在什么地方，我做了什么事情的时候它们会冒出来，我也知道如何去碾碎它们。冒出个"蚂蚁窝"并不是大问题，我只需要马上碾碎它。我必须**及时发现**它，**立刻中止**它，并且通过自我对话回归比赛脚本，或者使用身体控制器支配我的身体完成某些积极的动作来**迅速转移**它。这很简单，我知道我能做到，一切都在我的掌控之中。"

自信地转移

你的自我对话控制器是一个非常强大的内部装置。你可以使用它来帮助你迅速回归比赛脚本，也可以使用它来提醒你的身体控制器帮助你的双脚在绿茵场上轻快地舞动。

当然，我也希望所有运动员都能够灵活地选用其他的方式进行自我对话，能够随时自信地、迅速地完成转移。

在球场上进行自我对话必须充满自信，要有"我能行"的态度，这是碾碎"蚂蚁窝"的决定因素之一。对许多运动员来说，如果他们想要保持自我控制，并且充满信心地参加比赛，运用简单、积极的语言进行自我对话至关重要。

我希望你能配备一个碾碎"蚂蚁窝"的"工具箱"，并且将自信地进行自我对话的能力也加入其中。

- "我实在跟不上对方这个前锋。立刻中止！我可以。"
- "我今天绝对不会再进球了。立刻中止！我会。"
- "看来我是没有资格继续留在球队了。立刻中止！我有资格。"

自我对话要自信、要充满能量。如果你觉得必要，还可以向你内在的自我发出大声的呼喊。我想让你想象你的大脑中有一台录音机。如果我们在一场比赛后播放这段录音，那么我期望能听到"我能行"的表述，能听到强有力和充满能量的话语，能听到针对各种情况而激励你专注、进取、坚持不懈的话语。

"我可以""我能行""我就是"等类似激励的话语与控球、传球、射门和抢断等技术动作一样，对比赛具有同样重要的作用。而且，激励的话语与意识和预判同样重要，因为它们都是建立在信心和动机的基础上的。没有软技能，就很难提高硬技能。当你学会了有效地进行自我对话的时候，你就给了自己一个更好的机会，真正像一个职业球员那样控球和比赛。如果没有强大的内心语言做基础，那么足球的基本技能也难以发挥出来。

你在足球场上的目标不仅仅是存在，更要努力拼搏，要轻松自由地参加比赛，展现你自己，展现出你的领导能力，展示出激情与绅士风度。你要将这些不可或缺的态度写进你的足球简历，你应该成为一名"我可以""我能行""我就是"的球员。

建设性地转移

毫无疑问，积极的自我对话非常重要，但是足球运动员还需要有一个聪明的大脑。他们需要迅速发现能解决比赛中产生的各种问题的方案和办法。

足球是一项强调团队合作的运动项目。足球比赛的整体态势会随着场上发生的个人微小的胜利而产生波动。你在比赛场上的职责有很大一部分是帮助你的球队获得有利的整体态势并且保持这种态势，而且能够迅速、有效地扭转可能出现的不利于本队的态势。

如果你的"蚂蚁窝"是源于对方某个球员的技能或表现比你优异，你就必须用一套建设性的策略来应对。如果是源于你的某个队友没有很好地履行场上的职责，那么你的任务首先就是碾碎你的大脑中与这个问题相关的"蚂蚁窝"，然后迅速找到弥补队友失误的建设性办法，继续进行比赛。

• "这个球员的速度太快了，**立刻中止**！离她稍微远一点，不要急于上前。我知道这意味着她可能会突破，但我必须把注意力放在最佳的时间点来防住她。"

• "唉，今天要想力保球门不失可真不容易，**立刻中止**！我必须大声喊叫以指挥队友，并且扩大我的控制区域。我必须时刻保持警惕，并且确保我的后卫队友看到我作为守门员的领先优势。"

• "两个边锋的突破太慢了，**立刻中止**！我的传球必须更直截了当。这也意味着我必须在中场要更加努力。两个边锋本应该快速突破，但也许他们缺乏信心。我要多做无球跑动，并且尽可能多地保持控球权。"

一个伟大的足球运动员会在瞬间找到解决问题的办法，并且付诸实施。你应该给自己一个聪明的"足球大脑"，而不是让它成为一个"蚂蚁窝"。你一旦**及时发现**了某个问题，就必须找出解决问题的办法，并且付诸实施，从而**迅速转移**它！

致命的速度

足球场上的速度不仅要求身体能快速反应，而且要求心理也能做出快速反应。一个敏锐、随时准备工作的大脑是卓越表现的先决条件。足球运动员不仅需要有健壮的体魄，还需要有敏捷的大脑。

足球要求大脑快速反应。它需要你像弗洛伊德·梅韦瑟（Floyd Mayweather）一样能够迅猛地出拳和躲避；需要你有类似于刘易斯·汉密尔顿（Lewis Hamilton）一样的速度，可以灵活地切换6挡在赛车道上飞奔。理想情况是，你的大脑的反应速度能与尤塞恩·博尔特（Usain Bolt）的冲刺媲美。

我想给你出个难题，我要你成为碾碎"蚂蚁窝"的世界级高手。这意味着你需要用最快的速度**及时发现**它们、**立刻中止**它们、**迅速转移**它们。这意味着你需要在我打一个响指或拍一下手这样极短的时间里完成这个碾碎的过程。

千万不要让一只"蚂蚁"开始在你的大脑中筑巢，不要让一个无意识消极想法在你的脑海中逗留，否则会让你变成一介足球懦夫！而我希望你成为一条足球硬汉！你越快地压制你的无意识消极想法，它们就越不会妨碍你的比赛。你练习的"蚂蚁窝"碾碎技巧越多，就越习惯于做出正确的选择。

在足球比赛中，如果你不能迅速摆脱各种分心因素的干扰，那你就"必死无疑"。这可能听起来有点夸张，但这正是我希望足球运动员能够达成的共识。我希望球员将无意识消极想法视为一种破坏其比赛的害虫，并且将"碾碎"害虫的技能作为必不可少的基本训练。采取毫不妥协的态度虽然不会让"蚂蚁窝"永远消失，但肯定可以阻止这种可能影响你在比赛中正常发挥的内心困扰。

就像拳击手会用闪电般的速度移动脚步来避开对手的重击一样，我也希望你能够掌握快速压制无意识消极想法的技能来避免分心。如果足球运动员有一个冷静的大脑，且不受无意识消极想法的干扰，那么他就能轻松自如地支配自己的双脚、双腿和躯干，可以尽情地享受足球运动的乐趣，会为了取胜而去参加比赛，会积极主动地争取而不是消极被动地等待机会，会带着自由的感觉而不是恐惧的情绪参加比赛，可以在必要的时候更具侵略性，也可以在必要的时候变得更稳健。因此，这是我们需要掌握的一项伟大的足球技能。

技能十四

迅速碾碎"蚂蚁窝"。

第15章　生猛、灵巧、执着的罗纳尔多

扬尼克·博拉西（Yannick Bolasie）的比赛脚本已经准备好了，两个控制器也随时待用。他起身站起来准备上场。但是，在他上场之前，他先让自己的内部声音来引导自己的注意力：

"生猛、灵巧、执着的罗纳尔多……"

"加油，生猛、灵巧、执着的罗纳尔多……"

"生猛——它看起来是什么样？生猛是什么感觉呢？全力以赴，让对手感受到压力，让对手感到恐惧。生猛、生猛、再生猛一些……"

"灵巧——时刻保持激活状态。从热身开始，关注脚尖，机警、快速、灵活。提醒自己使用身体控制器。动作反应要敏锐。总是提前思考下一步要做什么。"

"执着——永不放弃。犯了错误，要执行比赛脚本；传球失误，也要执行比赛脚本。跑动要执行比赛脚本，传球也要执行比赛脚本，要用执着的心理状态摧毁防守者的信心。"

"罗纳尔多——是的，我就是罗纳尔多。如果我是罗纳尔多，那会是什么样子？成为罗纳尔多是什么感觉？别人又会怎么看我呢？"

他的自我对话非常坚定，并且与他为自己制订的比赛脚本也保持一致。与此同时，他的身体控制器也在工作——他踮起脚尖、挺胸抬头、目光有神且专注。

当然，尽管如此紧张，他也知道他不能强求自己的表现。他知道一场精彩的比赛是在放松与紧张的平衡中产生的。为了能向对手施压，他必须保持头脑清醒、身体放松。

扬尼克·博拉西在走进挤满球迷的体育场之前会仔细地审阅自己的比赛脚本，这是为了清空他的大脑，让他的思维专注于期望自己如何参加比赛上、专注于他想成为什么样的人上，以及他想要如何引导自己的比赛上。

在 2015 年 4 月 11 日这一天，这位水晶宫（Ceystal Palace）的边锋[①]正在为即将在光明球场〔英超联赛桑德兰（Sunderland）的主场〕举行的比赛做准备，这是一场水晶宫队对阵桑德兰队的比赛。对桑德兰来说，这是一场极其重要的比赛，在一个漫长而艰苦的赛季临近结束时，他们需要进行一场保级大战。所以，他们会拼死战斗到底，水晶宫队的球员也明白这一点。

在客场的更衣室里，扬尼克·博拉西继续进行自我对话。

"我的进球还不够多，我需要踢进更多的球。但我所能做的就是尽量成为生猛、灵巧、执着的罗纳尔多，用好我的两个控制器——自我对话和肢体语言。我在训练中已经非常努力，我相信生猛、灵巧、执着的罗纳尔多会帮助我进球。"

扬尼克·博拉西将自己的比赛脚本全部浓缩成"生猛、灵巧、执着的罗纳尔多"这样一个陈述句。这些只言片语（生猛、灵巧、执着的）和这个名字（罗纳尔多）包含了他必须努力做好的跑动、技术动作和相应的责任。当他对自己低语时，他看到自己的角色逐渐鲜活起来。这些话语在他的脑海里形成了一幅幅图画，这些画面勾勒出了他所期望的足球比赛的蓝图，并向他的身体注入了满满的自信。

"生猛、灵巧、执着的罗纳尔多——那是什么样子的？那又是什么感觉？我可以成为生猛、灵巧、执着的罗纳尔多！无论如何，我都会成为生猛、灵巧、执着的罗纳尔多。生猛、灵巧、执着的罗纳尔多就是我，这就是我要做的！"

扬尼克·博拉西

当我应邀去帮助扬尼克·博拉西巩固他在英超的地位时，我并没有

---

① 2016 年，扬尼克·博拉西转会到了埃弗顿俱乐部。——译者注

意识到他的超常能力，没有意识到他有一双让防守球员们手忙脚乱的脚。我也不知道他的速度、力量和毅力如何。但是，我很快就熟悉了扬尼克·博拉西的这些品质。

我们的关系有了一个良好的开端。在我们第一个赛季的合作中，扬尼克·博拉西很快就接受了我为他准备的那些方法。他在面对强队的比赛中表现得非常出色，特别是有一次还上了当地报纸体育版的头条。

他有一场令人难以置信的能量展示，那就是他让利物浦队的球员和球迷们伤透了心。水晶宫队只用了15分钟就把与利物浦队的比分从0：3落后追到了3：3。在比赛进行到75分钟之前，扬尼克·博拉西的表现一直都中规中矩，但是最后15分钟却成了他的个人表演时间。

"生猛、灵巧、执着"的信念激励他一次又一次地深入到利物浦队的半场。他不知疲倦的奔跑和精准的传中球不断地为队友们创造得分的机会。"生猛、灵巧、执着的罗纳尔多"的"魔咒"对本场比赛的最后比分产生了重要影响，也影响了接下来的赛季结果〔失分意味着利物浦队输掉了英超联赛，一周后曼城队（Manchester City）获得了冠军〕。

此后，扬尼克·博拉西一直保持稳定的比赛表现，给人们留下了越来越深刻的印象——一个快速、难以捉摸和极其危险的英超边锋。我们的合作一直持续到第二个赛季，其间，他非常勤奋地按照训练方案进行训练，同时也提高了及时使用两个控制器的能力，并且一直保留着他那个"生猛、灵巧、执着的罗纳尔多"的"魔咒"脚本。2015年4月中旬，他随队来到了桑德兰。

精彩的11分钟

不论什么时候，当一名英超球员站在足球场的入场通道里等候上场时，他都不知道接下来的比赛会发生什么情况。他希望在比赛中有很好的表现，但是他并不能保证自己可以做到。当扬尼克·博拉西站在桑德兰队主场——光明球场的入场通道里准备上场时，他并不知道这场即将上演的比赛会有多么精彩。然而，他将去的是一个快乐的地方。当他大步走向球场时，他就完全沉浸到"生猛、灵巧、执着的罗纳尔多"的世界里，他变成了"生猛、灵巧、执着的罗纳尔多"。

上半场比赛比较沉闷，双方都没有进球。正是 0：0 的僵局促使水晶宫队以充沛的精力和快速的节奏开始了下半场。此时到了"生猛、灵巧、执着的罗纳尔多"真正展示自己才能的时候。

扬尼克·博拉西在球场上的位置并不是固定的，他作为边锋既可以从左路发起进攻，也可以从右路发起进攻。比赛进行到第 47 分钟时，他一脚看似漫不经意的助攻将球传给水晶宫队的中锋格伦·默里（Glenn Murray），默里头球破门，从而开启了胜利的大幕。接下来就轮到扬尼克·博拉西开始他的得分"闪电战"了。

第 50 分钟时，默里在底线附近用一记轻巧的回敲将球传给禁区内无人防守的扬尼克·博拉西。扬尼克·博拉西通过灵活的跑动执着地寻找对方后防的空隙，终于找到了进球的机会。扬尼克·博拉西迅速摆脱对方后卫的防守，轻松地将球踢进了桑德兰队的球门。

仅仅 2 分钟过后，扬尼克·博拉西大胆地将球从桑德兰队的后卫约翰·奥谢（John O'Shea）的头顶一挑而过，轻松地摆脱了这位爱尔兰国家队后卫的防守，以真正罗纳尔多式的风格将球踢进了球门。

第 61 分钟时，默里有效地组织起一次进攻，将球传给禁区中央的扬尼克·博拉西。对方守门员迅速出击准备扑救射门，且对方还有 2 名防守队员上来夹击，但是扬尼克·博拉西俨然是"生猛、灵巧、执着的罗纳尔多"附体，强行将球踢进了球门。

令人难以置信的 11 分钟上演了罗纳尔多式的帽子戏法，"生猛、灵巧、执着的罗纳尔多"由扬尼克·博拉西再现了。

无论什么时候，我都希望你能按照自己的比赛脚本确定的风格上场比赛，用两个控制器来执行比赛脚本，来让自己的"信心条"和"能量条"尽可能保持满格。

这看上去怎么样？这是什么感觉？别人会看到什么？

快乐、自由和专注

如果你观看扬尼克·博拉西参加的比赛，我希望你能看看他，并且思考一下支撑他比赛的思想。

扬尼克·博拉西不会在每场比赛中都有精彩的表现，你也可能会看到他在某场比赛中完全没有可圈可点之处。但他仍然在努力做到最好，仍然在做着他必须做的事情，力争赢得一场精彩的比赛。当然，一个精彩的过程并不一定会带来精彩的结果，它不会像二加二总是等于四，不可能完全按照自己想象的那样运行和发展。扬尼克·博拉西深知这一点。他知道他只能通过他的比赛脚本和他的控制器做最好的自己，力争达到最好的效果。

• 他不能要求队友将球都传给他。他只能做出要球的姿势和大声喊叫表达要球的愿望。

• 他不能强行进球。他只能做那些能帮助他得分的事情，尤其是生猛、灵巧、执着地跑位和移动。

• 他无法主宰一场比赛，因为这无法控制。他只能坚持他的比赛脚本，抓住每次的机会，用力量和信心努力去履行他的职责。

你也是如此，不能强求。你能在合适的时候使用你的比赛脚本，保持你的"能量条"和"信心条"满格，使用你的控制器去实现你的目标，这就足够了。

当你看扬尼克·博拉西踢球的时候，你会看到一个足球运动员沉浸在他的比赛脚本里，努力使用他的控制器，为比赛做好了准备，打造了满格的"信心条"和"能量条"，给他的内部电池充满了电。这是否意味着他在比赛中将会有超乎人们想象的表现？对此谁也无法保证。他只能努力尝试在每天、每场比赛中做最好的自己。

我支持这个观点！因为有很多足球运动员在比赛中过于玩命了，他们试图强迫自己在比赛中必须有上佳的表现。他们误解了"必胜心理"与"求胜心理"这两个不同的概念。因此，他们的过度投入导致他们产生了紧张、僵硬和疲劳等反应。他们在比赛中体会不到轻松自如的感觉，注意力很难集中，经常出现分心，这样反而会使他们的比赛表现越来越糟糕，也根本体会不到足球运动带来的乐趣。

在比赛中玩命的运动员可能会有兴趣知道，支撑"生猛、灵巧、执着的罗纳尔多"比赛脚本的是扬尼克·博拉西与我经常讨论的另外3个词。我在《打造足球大脑：学习英超球员的心理策略》中对这3个词做过长篇幅的介绍，它们也是我接待来访的足球运动员时经常使用的3个词。

支撑扬尼克·博拉西变成"生猛、灵巧、执着的罗纳尔多"能力的3个词是快乐、自由和专注。

扬尼克·博拉西总是力求在场上比赛时面带笑容。他想赢，但是他明白，要给自己一个赢球的机会，必须让自己尽情享受足球运动带来的快乐；要给自己一个充分发挥自己能力的机会，必须让自己有一种愉悦的感觉。

并不是每个人都能面带微笑地比赛，但我要求所有的足球运动员都能愉快地上场比赛。我要求他们在比赛时去体验兴奋和乐趣。我希望他们在比分领先时能体验到兴奋，在比分落后的情况下完成逆转时感到兴奋。即使他们犯了几个错误，我也希望他们重新振作起来。球员在犯错后可以这样想："今天将会是一场恶战。我必须尽最大努力去面对这场恶战，毕竟比赛还没有结束。但是没关系！我必须努力找回比赛的乐趣。"

想想你一开始为什么要和你的伙伴们一起踢足球，因为它给你带来了乐趣。它是令人兴奋的、令人愉快的、令人享受的，也是有趣的。保持这种心理状态，无论如何都要保持这种心理状态。

快乐的态度成就了伟大。快乐地去冒险、快乐地去探索、快乐地去实验。快乐传递着竞争力。当我看罗纳尔多和梅西比赛时，能看到他们脸上洋溢着快乐的表情，也能体会到他们身体里充斥着快乐的感觉。当然，他们在球场上看起来可能很严肃，但他们确实在享受乐趣。

"我在享受比赛的快乐。这是什么样子？这是什么感觉？别人会看到什么？"

在享受乐趣的同时，我还希望扬尼克·博拉西能在比赛中体验自由的感觉。我希望他能轻松自如地参加比赛，摆脱紧张和焦虑，让自由穿透他的四肢和躯体。要在90分钟里不停地与对手拼抢和周旋，同时要履行职责和创新，所以扬尼克·博拉西必须摆脱压力、紧张和焦虑的困扰。

"我是完全自由地参加比赛。这是什么样子？这是什么感觉？别人会看到什么？"

扬尼克·博拉西明白了。他知道如果要在比赛中展示"生猛、灵巧、执着的罗纳尔多"的风采，他需要自由的保护层。他也明白自由地去比赛是有风险的，但是如果他带着恐惧去比赛，那将会有更大的风险！怀疑和担心导致的严重后果将极大地削弱他对比赛产生的积极影响。

有趣的是，我曾与许多教练员交流过，他们都不太愿意看到自己的队员自由地比赛。他们将自由与粗心大意联系在一起，甚至认为自由就是鲁莽或不计后果。

在我谈及自由地比赛时，我是针对一个足球运动员的场上位置与相应职责而言的。我完全认同一个球员的位置所决定的那些职责。足球运动员可以自由地比赛，但是也要受纪律的约束。自由不是马虎、没有头脑、杂乱无章、粗心大意和鲁莽的代名词。你可以在你的场上位置及相应职责规定的范围内自由地比赛，你可以带着一种自由的感觉去比赛，但是必须遵守那些你不能违背的特殊规定。

自由的反面是恐惧。我不希望运动员带着恐惧去比赛。如果扬尼克·博拉西过于惧怕对手，比如曼城队或阿森纳队，那么他的技术动作就会受到束缚，跑位也会受到限制。相反，扬尼克·博拉西希望在球场上展示自我。所以，无论如何，他都要力争自由地比赛。他可以做变向冲刺或者不停地跑动来展示他的自由。同样，他自由的标识也可能就是一个简单的传球或者轻松的头球。自由可以表现为多种形式！

我将专注添加到自由中是为了强调规定和纪律的重要性。专注对于你执行比赛脚本很重要。我希望球员在比赛时能够专注于比赛脚本。球员的跑动、各种技术动作和行为都应该被限制在自己的比赛脚本之内。

"我专注于我的比赛脚本，在任何时候都专注于我的比赛脚本。我会一直坚持我的比赛脚本。我快乐、自由和专注地执行我的比赛脚本。这看起来像什么？这是什么感觉？如果我这么做，别人会看到什么？"

一个专注的足球运动员也会关注他的"信心条"和"能量条"，以及利用他的控制器来执行比赛脚本。当他分心的时候，他会迅速回归到自己的比赛脚本中。

其实，这样做也很简单。尽情地享受足球带来的乐趣，轻松自由地发挥，将注意力专注于比赛脚本、"能量条"、"信心条"和控制器之上。快乐、自由和专注的结合又是努力与放松的完美融合，它们既是精力充沛与充满激情地比赛的基础，也是聪明与智慧地比赛的基础。

这就是扬尼克·博拉西所喜欢的足球运动，也是他在比赛场上一次又一次为我们展现的比赛方式。他有意识地让自己沉浸在比赛脚本中，沉浸在一种快乐、自由和专注的感觉中。这也帮助他在思维与行动上实现完美结合。接下来我们将进一步讨论这个完美结合。

技能十五

快乐、自由、专注地执行你的比赛脚本。

第 16 章　足球比赛中的 80/20 定律

我总是要求向我咨询的足球运动员要在当前的比赛中尽可能地做到最好的自己。在我看来，足球的语境中的"当前"意味着现在和接下来的 5 秒钟。

一个真正专注于当前的人不会沉湎于过去已经发生的那些事情。他不会惦记刚刚踢进球门的那个球，也不会停留在之前的那一脚传球上，不会纠结于 5 分钟前那个有争议的判罚，甚至会很快忘掉不久之前因为铲球犯规而吃的一张黄牌警告。

同样，专注于当前就是给 5 秒钟之后的未来也不留任何空间。当你专注于比赛开始时的掷界外球时，下半场无论多么艰难都是无关紧要的。当前的心理也不会顾及教练会在中场休息时对你说什么。冠军级足球运动员的当务之急是专注于现在和接下来 5 秒钟的比赛态势。

做起来要比想象难得多。大脑喜欢引导自己向前看和向后看，它喜欢沉浸在刚刚发生的最糟糕的事件中，也喜欢预测比赛中将要出现的各种问题。

我要求向我咨询的足球运动员在每次上场的时候都要练习如何专注于当前的比赛。准备好比赛脚本和训练方案、运用控制器和碾碎"蚂蚁窝"都有助于你使这种难以达到的状态成为可能。掌握自我调节和自我控制的方法也是你每天需要面对的挑战，你必须努力赢得这个挑战。

亨利·莫莱森（Henry Molaison）从来就没有经历过寻找这种心理状态的战斗。事实上，他每天都在遭受这种心理状态的折磨。

你可能从未听说过亨利·莫莱森。我认为他从来没有踢过足球。我也不确定他是否喜欢这一美妙的运动项目。尽管如此，他的故事还是很有趣（也很伤感），他给我们上了一课，告诉足球运动员应该如何享受足球。下面是亨利·莫莱森的故事。

莫莱森的记忆

1953 年，27 岁的亨利·莫莱森失去了记忆，永远停留在当前。他从 16 岁起就一直饱受癫痫的折磨，为了治愈癫痫，他接受了手术治疗。

他的医生认为导致莫莱森发病的原因是他的大脑的某个部位发生了病变，试图通过手术切除大脑的那个部位。不幸的是，这个手术过程出现了差错，手术后莫莱森的癫痫症似乎治好了，但是他失去了心理学家所说的陈述性记忆。

虽然莫莱森在手术前保留了一些生活记忆，但手术后他的每次经历（呈现在他面前的事实和发生在他身上的事情）都会在 30 秒内遗忘。他能记得一些关于他童年的事情，但如果你让他阅读一本书，30 秒后让他回想刚读过的内容，他无法做到。

最糟糕的是，他的看护人每天都要向他做自我介绍，因为他不知道他们是谁。照料莫莱森的医生和护士对他来说永远是陌生人。

令人惊讶的是，他友好的个性和聪明的举止完好保留下来，他允许心理学家对他进行检查，并且帮助他们去获得更多关于人类大脑和记忆的知识。心理学家们因此发现了一些特别有趣的事情。

虽然莫莱森已经丧失了有意识的记忆能力，但是他日常的记忆能力并没有完全丧失。他在没有真正了解的情况下能学习新技能。

心理学家是通过特别的心理测试来证明的，其中一个测试是动作技能测试。具体来说，莫莱森必须在点与点之间画出星星的图案。他被要求在一天之内做几次这样的练习，随着他练习次数的增多，当他再这样做的时候，他犯的错误就会减少。

简而言之，他正在学习一种新的动作技能，尽管他并没有意识到自己在做什么不同的事，也没有意识到他能将某件事做得更好。

这些测试表明，不同的记忆位于大脑的不同区域。有意识的记忆需要莫莱森大脑中发生病症的那个区域参与。但是，对学习过的动作技能的记忆则位于大脑的不同区域，也就是更深层的无意识心理。

两个大脑、两种比赛状态

冠军级运动员完成动作的大部分时间都是由这种无意识心理支配的。他们的大脑中有一片保存全部动作技能记忆的区域，这些记忆正是他们在训练、比赛和练习中建立起来的。这一区域可以使他们本能地完成各种技能动作。没有思考，只有行动！

你可以花几分钟的时间想象世界上最优秀的足球运动员比赛的画面。他们在比赛中表现得轻松自如。他们完全是在无拘无束地使用技术动作，随心所欲地满场奔跑。

当你观看梅西、阿比·万巴赫或罗纳尔多在比赛中的精彩表演时，你可以发现他们完成各种技术动作基本上是无意识的。他们完全沉浸在无意识比赛的"肥皂泡"中。他们相信自己过去数千小时的反复训练所积累的效果。他们几乎不加思考，只有一个接一个的动作；他们几乎不做判断，只有一串接一串的行为。

当那些技术娴熟的足球运动员在场上做出令人眼花缭乱的过人动作时，他们不会理会到来自大脑的各种噪声。他们不需要告诉自己用何种方式去突破对方的防守，只是自然地完成相应的动作。他们不会说，"向左、用右脚、停止、开始、轻轻踢一脚。"他们会自动地完成这些动作，依靠的是无意识记忆，就像他们之前已经练习过很多次一样。

当你参加足球比赛时，我也希望你大部分时间都能运用这种无意识的模式，让大脑的深层区域来引导你。你已经经受了严格的系统训练，你要相信这种训练的效果，要在比赛中体验开心快乐、自由自在的感觉，尽情享受"就这样去做"的感觉。

"请打住！"我听到了你的喊叫，"你已经给了我一个自我对话控制器。现在我也制订了我的比赛脚本。在第15章，你告诉我，扬尼克·博拉西和你帮助过的其他足球运动员在比赛前和比赛中都会运用自我对话；你让我思考我的肢体语言和身体动作；你让我用两个控制器来保持我的"能量条"满格。现在你又告诉我不用思考了？那你现在究竟要我干什么？请给我一个解释。"

有意识与无意识之间的平衡

我要求向我咨询的足球运动员在一场比赛中，80% 的时间是无意识地完成动作，另外 20% 的时间是有意识地完成动作。我希望他们在无意识与有意识之间寻求一种完美的平衡。我将用另一个运动项目的例子来强调我的观点。

在网球比赛中，罗杰·费德勒（Roger Federer）和塞雷娜·威廉姆斯都是运用 80/20 定律参加比赛的。在一场比赛 80% 的时间里，他们相信自己过去的训练，挥拍击球的动作都是自动的。他们不会思考引拍的幅度，也不会有意识地关注球拍击球的角度。所有的技术动作都是自然而然完成的。如果他们在比赛中过度思考这些动作细节，那么绝不可能将球顺利击过网！

然而，冠军级的网球运动员在比赛中确实会有意识地思考一些问题。为了战胜对手，他们会采用各种各样的战术，会有意识地使用这些战术。网球运动员会选择自己发球时的站位，会有意识地考虑发球的方式和落点，也会使用他们的自我对话控制器和身体控制器。你可能见过他们在温布尔登或法拉盛草地公园输球时的自我安慰，或是在一场比赛中连胜几局后的自我鼓励。他们也知道身体语言的减少同样会让他们对自己的能力产生怀疑，所以他们会有意识地保持乐观向上、机警敏锐和胸有成竹的心理状态。

网球运动员也是运用 80/20 定律来完成一场比赛的。如果失去了这种平衡，就会妨碍他们在比赛中发挥出最佳状态。太多的本能行为（90/10）会导致他们失去解决当前问题的思考能力，从而做出草率的决定，甚至意识不到什么时候需要让自己振作起来、什么时候需要让自己冷静下来，或者将注意力转移到另一个不同的对象上。与此相反，如果他们过多地思考和刻意地控制自己的击球动作，则会妨碍他们流畅地比赛，整个技术动作也会随之变形，从而产生疑虑重重心理状态。

足球比赛的情况其实也没有什么不同。我不认为足球比赛不需要过多的思维、一种本能的思维会有任何争议，但是足球运动员也需要运用自己有意识的思维。需要制订一个比赛计划，其中包括比赛的战术、技术和心理等各个组成部分，还需要将比赛计划浓缩成简单易记的版本，以便在上场比赛时及时提醒自己关注当前的任务，这就是比赛脚本。他需要及时发现大脑中冒出的第一只"蚂蚁"，并且有意识地碾碎它；需要敏锐地意识到自己什么时候突然"走神"了，然后迅速回归到比赛的关注点；需要在比赛全程自始至终保持高度自信、充满能量。

那些完全用无意识去参加比赛的足球运动员在犯错误的时候，可能自己还没有完全意识到。他可能表现得漫不经心，会一次又一次地在一对一的拼抢中败下阵来，而他不会努力去改变现状。

无意识是一种没有方向和完全失控的状态。一名足球运动员需要有一幅关于自己预期行为和自我调节技术的内心地图，大脑中一旦出现"蚂蚁窝"的苗头，就要立刻消灭它。

哈维

哈维（Xavi）[①] 是从巴塞罗那拉玛西亚青训营中成长起来的。从那时的训练开始，他总是在不停地思考。每当他上场比赛时，他也会不停地思考。教练的确设计了很多练习来逼迫他训练自己的思维能力，但是真正驱使他"思考、思考、再思考"的还是他自己的个人需求。

他会思考如何去寻找进攻空间，思考对手的跑位，思考队友们的跑动，思考自己的身体姿势、位置选择及如何做出最有效的突破。

他当时是按照 50/50 的比例进行训练的——无意识占 50%，有意识占 50%。当然，他后来的比赛已经变为 80/20 了。为了发挥自己的最佳水平，他还是需要进行一些自己的思考。他仍然会不停地观察，用 20% 的有意识思维参与比赛。

经过多年的练习和比赛之后，他那令人眼花缭乱的快速过人和本能的传球已经深深地刻在他的大脑深处，所以他在赛场上的 80% 时间是靠无意识在踢球。但是，要想成为一场比赛的赢家，他仍然需要执行与突

---

① 哈维·埃尔南德斯（Xavi Hernandez，1980 年 1 月 25 日出生）是一名西班牙足球运动员，曾效力于西班牙巴塞罗那足球俱乐部和卡塔尔阿尔萨德俱乐部，司职中场。哈维作为主力球员代表西班牙队参加了世界杯、欧洲杯等比赛，并获得欧洲杯最佳球员等荣誉。2012 年 7 月 2 日，哈维所在的西班牙队 4∶0 战胜意大利队，夺得第 14 届欧洲杯冠军。哈维为西班牙队效力 14 年，共出场 133 次，攻入 13 球。——译者注

破过人动作相关的比赛脚本，仍然需要保持高度专注和轻松自由地比赛，仍然需要及时碾碎任何可能随着比赛进程而出现的"蚂蚁窝"。

有意识地完成无意识动作

如果你要我来描述什么是参加比赛的最好方法，那也就是有意识地完成无意识动作。我想让你利用你的有意识心理从你的无意识行为中获得最大的收益。

在比赛中，要体验竞争的快乐与自由，展示自我、享受自我，要轻松自如、充满自信、无拘无束。在比赛场上，要仔细观察、快速反应，仔细观察、快速反应，仔细观察、快速反应！

但是，为了获得和保持一种无意识的"仔细观察、快速反应"的心理状态，并且发挥这种心理状态产生的最大效益，有效地使用你的控制器来保持警觉、活力和专注是一种非常重要的手段；时不时地提醒自己关注比赛脚本也很重要；有意识地碾碎随时可能冒出的"蚂蚁窝"也同样重要，因为稍不留神，你的大脑就会将它们推到你的意识层面。

比赛开始了。你开始无意识地跑动，并环顾四周。即使在开始的第一分钟，你也可以有意识地使用自我对话控制器来提醒自己关注比赛脚本。现在，你就要"仔细观察、快速反应"，没有思考，观察到场上当前发生的情况就立刻做出反应。接下来，当你看到球在场上滚动时，你会无意识地跟着跑起来。仔细观察、快速反应。本队边锋将球传到了禁区，你会自动地跳起来准备头球攻门，可惜球顶偏了！这时，你双手抱着头懊恼不已好几秒钟，然后马上有意识地提醒自己必须尽快回到原来的位置。你告诉自己，很快就会再有一个机会，这就是一个值得称道的让自己时刻保持自信和专注的自我对话。

冠军级的足球运动员会运用自我对话控制器和身体控制器来保证比赛的顺利进行，并且在无意识比赛中保持专注、自信和适宜的紧张度。在他们参加比赛的时候，他们会保持无意识和有意识80/20的完美比例。他将使自己的有意识心理从无意识的比赛中得到最多的收益。

自我检查

运用有意识地完成无意识动作的方式参加比赛，其中一个有效的方法是在比赛中随时监控自己的心理状态。我要求向我咨询的运动员在比赛的时候要定期进行自我检查。当面对死球时，我要求他们问自己："我在执行我的比赛脚本吗？我在使用我的控制器吗？我的"能量条"是满格的吗？"我希望他们习惯且善于监控自己的比赛脚本、控制器、"能量条"和"信心条"，以便他们最大限度地利用自己的无意识表现。

这些自我检查必须快速果断地完成。在一场足球比赛中，没有太多时间让你沉湎于思考自己表现得怎么样或者比赛的进程如何等问题。它不像高尔夫比赛那样节奏相对缓慢，需要球员深思熟虑和不慌不忙地思考。

现在，你就应该开始练习快速检查的技能。你练习得越多，就掌握得越快。当球被踢到对方半场的底线、死球或者比赛中间有短暂的休息时，可以将你的思维集中在关注比赛脚本、控制器、"能量条"和"信心条"上。让你的无意识行为转换为有意识思维。

当然，最合适的自我检查时间是中场休息时间。这是你对自己的比赛进行彻底检查的时间。不要过分在意比分领先或比分落后带来的情绪干扰，也不要过分在意你和全队的场上表现，而是要建立一个关于你如何执行自己比赛脚本的内在评估。问问你自己，你的控制器在哪里？你如何使用你的控制器做到最好的自己？

中场休息是有意识思考的时间，是分析场上自己表现优劣的时间。我强烈建议你要将这种分析与你的比赛脚本、控制器、"能量条"和"信心条"联系起来。但是，也不要让你的评估过于复杂。否则，你只会将自己弄得更糊涂。

如果你的教练有一些反馈意见，要仔细倾听！在你的比赛脚本中加入教练的意见是很重要的。如果你不得不修改你的比赛脚本，那就接受它，也要有灵活性。教练会对你负责，他将为你提供一个让你有更好表现的方向。

下半场比赛一旦开始，你就要准备好再次进入有意识地完成无意识动作的比赛状态。快速移动你的脚、踮起脚尖、抬起头，准备享受快乐和自由吧。提高你的注意力，在心理上准备好你的比赛脚本，这样你的有意识心理就能引导你的下半场比赛沿着正确的方向进行。

比赛压力

一个准备好用有意识完成无意识动作的方式参加比赛的球员是一个准备运用 80/20 定律参加比赛的运动员，也是一个能从比赛中获得最大收益的运动员。他具有灵活性。当比赛的整体态势有利于本队时，他可以驾驭无意识的自信。当比赛的整体态势对本队不利时（在每场比赛中不可避免地会发生几次），他也可以通过有意识的思维进行自我检查，并且使用他的控制器来应对当前比赛给他和队友带来的压力。

冠军级的足球运动员都是抗压能力很强的运动员，也是能将本能与深思熟虑完美结合的运动员。为了做到最好的自己，你必须学会承受各种比赛的巨大压力。无论是杯赛或决赛、升级或降级赛、测试赛，还是在成千上万的球迷面前进行的普通比赛，你都必须经受住压力的考验。接下来我们将探索如何在巨大压力下成为一名更优秀的足球运动员。

技能十六

根据80/20定律上场比赛——让有意识心理最大限度地利用无意识。

第17章 神经的力量

尽管是在生活将要发生重大变化的关键时刻，有一些人仍然能心如止水。一系列沉着冷静的反应决定了球员和球队不平凡的经历。

一群冷酷的男人，身着白球衣就像一个个"冰人"。他们站在靠近球场中心圆圈的地方，看着一个接一个的队友走进罚球区，在紧张到令人窒息的情景下将足球踢进对方的球门。

突如其来的球点球判罚很适合这群冷酷的男人，他们冷静、精明、睿智，知道如何控制自己的神经。他们知道"神经的力量"。

每个球员带着像激光一样聚焦的专注力走向罚球区，没有丝毫的怀疑。他们的心里只有眼前的球门。他们自信满满地将足球稳稳地放在罚球点上。他们的心率很平稳。他们在大脑中形成了一幅完美的射门和进球的画面。然后，他们迅速向足球跑去。

坚毅的目光，没有丝毫的犹豫，射门。好，球进了！

这就是德国足球队！自1982年以来，德国队在世界杯点球大战中从未输过球，而且18人次的罚球中仅1人射门未进。[①] 当其他国家的球员一想到那记12码[②]远的射门就浑身发抖时，德国队球员却表现出完全的自信。也许是这个国家球员的特性，也许更多的是球员在球队训练的

---

① 德国队在历届世界杯比赛中共经历了4次点球大战。——译者注

② 罚球点到球门的距离约11米。——译者注

结果，德国队球员似乎总是能够承受比赛的巨大压力，他们可以冷静地应对这些压力。

德国队球员之所以能够冷静地应对压力是因为他们接受了"神经的力量"的训练。德语中有一个单词 Nervenstaerke，意为"神经的力量"。他们与其他人一样，在紧张的情况下也会感到恐惧。但是，他们能够在巨大压力的比赛中有效控制那些与焦虑相关的想法。当别人疲于奔命的时候，他们的身体功能工作稳定；当别人不知所措的时候，他们的心理状态异常平稳。

我希望你也能做到这样，甚至做得更好！

我希望你从比赛的第一分钟至最后一分钟始终拥有这种神经的力量。我希望场上的每个人，从守门员到前锋，都具有这种神经的力量。我希望你能创造一场正视压力且感受到压力的比赛，从而体验直面压力和藐视压力的感受。

- 感受到压力了吗？继续比赛……
- 感受到压力了吗？集中注意力……
- 感受到压力了吗？坚定自信……
- 感受到压力了吗？控制自己……
- 感受到压力了吗？积极拼抢……

自我管理

让我们将复杂的问题简单化，其实它并不是那么难以实现。神经的力量也是一种自我管理的方法，它并不是德国足球运动员所独有的神秘特质。每个人都可以利用神经的力量去比赛。

每个运动项目的冠军都具备承受比赛压力的能力。他们并不一定会随着压力的增加而提升自己的比赛表现，但是他们在每场比赛中都始终坚持用同样的标准严格要求自己。

这就是神经的力量所需要的全部。

足球运动员必须建立一套用于赛前和赛中的行为习惯和模式，这种行为习惯和模式将帮助他在任何压力的情况下都能发挥出自己的最佳水平。

无论你的足球水平如何，要想充分发挥神经的力量，你就必须在正确的时间做正确的事，必须管理你的思想、感受、行为、行动和态度。有点矛盾的是，神经的力量将从探索最坏的情况开始。

从最坏的情况开始

"可能出现的最糟糕的情况是什么？"

在你进入"压力山大"的情境之前，这是一个很好的问题。通过这个问题，你给自己情绪化的大脑一个清醒的机会，也给你的神经系统一个冷静的机会。

那么，比赛当中可能出现的最糟糕的情况就是你踢得一塌糊涂——你错过了好几次进球的机会，你没有接住一个几乎毫无威胁的球，你的球队甚至可能会输掉比赛。当然，你会对此感到失望，可能会烦闷、生气或沮丧。这些都是正常的，也是意料之中的。但是，这种失落感被你放在一边，最终也会消失。"这还不算太糟。这不是生命的终结！"

简而言之，通过思考失败可能造成的影响，你就可以在比赛之前合理地解释你可能会经历的焦虑感。没有任何人会喜欢失败，每个球员都会遭受失败，这是肯定的。这就是竞技体育的本质，不仅仅是足球，其他的运动项目也都如此。运动竞赛就需要应对失望。当失败已成定局时，你无法控制它，但是你能控制你对失败的反应。你必须做好迅速接受失望的准备，然后继续你的比赛。

当你下次准备参加一场重大比赛时，你如果感到胃部绞痛、心跳加快，我建议你问问自己："今天最糟糕的情况会是什么？"要熟悉失败可能会对你造成的影响，它可能是什么样子？它会是什么感觉？当然，这其中可能会包括一些很糟糕的感觉，但这些感觉不会持续很久。

通过审视失败带来的真实影响，让你的大脑和神经系统安静下来。这是应对压力一个非常有效的方法。

控制过程

以上已经对输赢做了合理的解释。两者都可能会发生，都需要你去应对。接下来将讨论如何正确地集中注意力的问题。

足球运动员如果花太多时间思考他无法控制的事情，就会变得神经紧张。你必须把注意力放在你能控制的事情上。

这意味着你必须花时间专注于比赛的过程。如果你过于看重比赛结果或个人表现，就会产生焦虑。你若告诉自己必须赢，或者必须成为比赛的主角，这正是破坏你的神经的导火索。

保持冷静、沉着和镇定。聪明一点——提醒自己当前努力的目标。

"我今天能做的就是坚持我的比赛脚本，用我的控制器来执行我的比赛脚本，保持"能量条"满格。这就是所有我可以控制的事情。"

当一个足球运动员专注于可控因素时，他的心跳、忐忑不安和消极的想法就会相应地减少对他的干扰。他将马上开始管理自己的恐惧——清除心中的疑虑和忧虑，给身体充电，准备好上场比赛。

坚持你的例行程序

冠军级球员的行为方式会保持一种连贯性。无论参加什么比赛，他们的身体和心理都会遵循一套有规律的、稳定的习惯和模式。你要坚持我们在第 13 章所讨论的比赛当天的例行程序。而且，你现在比以往任何时候都需要它。

要不离不弃、坚定执着地执行例行程序！

在比赛当天，我希望你在早晨醒来时先放松一下，做一些分散注意力的活动。你甚至可以养成一套执行例行程序前的习惯。早点起床，出去散散步，从街角的小店买份报纸，或者自己做早餐。当你离开球还有几个小时的时候，让你的充满神经力量的心理进入状态。在脑海中演练你的比赛脚本，详细地构思它。然后出去热身，包括身体热身和"心理热身"。

在比赛前要放松自己的情绪，才能在比赛中体验神经的力量。按照下面两个关于使用控制器和比赛脚本的建议来进行热身。你必须有意识地使用它们，其目的是为即将到来的比赛做好充分的身体准备和心理准备。

使用你的控制器

当你进入足球场时就要使用你的控制器。你已经学会了比赛前的放松。现在，当你优雅地站在赛场中央时，也要对自己提出相应的要求。

这时，要使用你的自我对话控制器来完成这项任务。要对心理的专注提出要求，要对比赛的适宜强度提出要求，要对自信提出要求，还要对灵活性、力量和敏锐性提出要求，比如像刀锋般锐利。

用你的身体控制器来支持你内心的声音。把你的脚尖踮起来，开始跑动。要表现得自由、放松、自信、威武和勇敢。

表现得自由、放松、自信、威武和勇敢。这看起来是什么样的？这是什么感觉？

挺直身体。面对压力，当神经的力量在你的身体里涌动时，要挺直身体，不畏惧任何对手。要使用积极的身体姿态，通过释放你的身体来尽可能迅速地消除任何可能会阻碍你比赛的紧张情绪。

这两个控制器的组合运用是一个功能强大的调节方式，可以帮你最大限度地化解比赛的巨大压力。

如果你现在是正走向罚球区准备罚球点球，你的大脑中就应该确认（使用你的自我对话）你现在要实现的目标是什么。"我现在就是要射门得分，我会瞄准球门的某一个位置，来一脚干净利索的射门。"然后你挺直身体走过去，镇定、果断和自信地将球放在罚球点上，接下来你盯着眼前唯一的目标开始快速冲上去，用一脚力大无比的劲射将球直接送入球门。

你的控球器可以帮助你赢得致胜的球点球，也可以帮助你在面临巨大压力时保持冷静和自信。

专注你的比赛脚本

你要经常提醒自己关注比赛脚本，并且让它成为现实。扬尼克·博拉西为了应对每周英超联赛的压力，他将自己完全沉浸在"生猛、灵巧、执着的罗纳尔多"的比赛脚本中，沉浸在"生猛、灵巧、执着的罗纳尔多"式的技术动作和奔跑中。

应对压力的能力在很大程度上取决于你对当前任务的专注力，特别是对比赛过程的专注。过度焦虑的球员往往会将注意力指向比分、可能出现的最终结果和不断变化的表现上。

• "我不能控制比赛的比分，所以忘记它，坚持我的比赛脚本。"

• "我不能强迫自己有一个惊人的表现，所以忘记它，坚持我的比赛脚本。"

比赛脚本是针对你的具体情况制订的，它是属于你个人的，是可以控制的。如果你发现自己总是纠结于那些让自己偏离比赛脚本的事情，那就要迅速转换到当前的比赛脚本中来。神经的力量要求球员在有意识模式的比赛中完全专注于比赛脚本。专注的对象既不应该是结果，也不应该是表现。专注于结果和表现只会产生一些无益的想法，会产生"蚂蚁窝"。

碾碎"蚂蚁窝"

当"蚂蚁窝"侵占你的大脑时，要立刻碾碎它们。它们在那里蛰伏着，总是想着入侵你的大脑，而你的任务就是毫不留情地碾碎它们。

当你听到一只"蚂蚁"的声音时，就要迅速驱赶它，不能让它停留。要使用你的两个控制器迅速转移，回归你的比赛脚本。压力可以化解于灵活、敏捷的心理状态，可以化解于可以迅速转变的心理状态。

压力会使"蚂蚁窝"泛滥成灾。要接受这个事实，它对每个人都是如此。那些能够使用神经的力量参加比赛的足球运动员，可以通过有效地使用他们的控制器和坚持他们的比赛脚本来遏制"蚂蚁窝"。他们会带着快乐、自由和专注去应对"蚂蚁窝"。他们在比赛中无所畏惧。当周围的人都感到压抑时，他们却表现得潇洒自如。他们善于展示，善于主动出击，从不隐藏。

积极地踢球

我想让你想想你参加过的压力最大的足球比赛，或者你目睹过的类似比赛。花点时间想想那些球员在比赛中的行为表现。我想你会发现那些被紧张压垮的球员所表现出来的一些特征。这些特征可能很微妙，并且不总是轻易地暴露，但是在行为表现上肯定会有相应的变化。

你会发现有些球员在比赛中畏首畏尾、缺乏果断、行动迟缓、视野狭窄。他们完全被恐惧所支配，意识减弱。他们看不到周围 360° 的景象。他们的预测滞后、决策混乱。他们可能会发现自己总是处在错误的位置，难以发现突破的空间，而且动作僵硬、行为迟缓。

使用神经的力量后，情况则正好相反。无论你感受到的压力有多大，你都是为了赢球而比赛，而不是为了避免输球而比赛。你会在比赛中享受自由的感觉，而不是忍受恐惧的情绪。你在比赛中要积极地踢球，而不是恐惧地踢球！

要接受你的紧张，带着自己的节奏、力量和毅力去比赛。

要接受你的紧张，带着自己的信念、自信和控制去比赛。

要接受你的紧张，带着自己的执着、欲望和原则去比赛。

技能十七
在压力下，使用神经的力量去比赛。

激励小结

你在球场上的表现取决于你体内释放的激素。你的内在心理驱动外在表现！

我希望你在比赛前放松一下。太多的足球运动员在比赛前会变得焦躁、紧张。我要你保持清醒、冷静和镇定。

现在你放松了，我希望你开始构建那种胜利的感觉。如何做呢？你需要制订一个比赛当天的日程安排，需要一套可靠的程序来帮助你进入适宜的心理状态。

首先想象你有一个成功的比赛脚本，然后在热身的时候使用你的控制器以提升准备活动的强度。踮起脚尖，变得警觉、灵活、有活力。抬起头，睁大眼睛，大声说出你在球场上看到的情景。让你的身体暖和起来，也让你的心理活跃起来。

制订一个比赛当天的日程安排，并且让它成为例行程序。

*

我希望你对比赛中使用的词汇和句子充满热情，它们会帮助你集中注意力、保持警惕、充满活力。

它们还能帮助你碾碎那些影响你思考的"蚂蚁窝"。无意识消极想法是足球世界里无声的杀手。它们会消耗你的精力、使你的注意力不集中；它们会削弱你的信心，阻碍你发挥身体能力、战术能力和技术能力。

无意识消极想法需要被消灭。你需要及时发现、立刻中止、迅速转移无意识消极想法。你要毫不犹豫地快速转移无意识消极想法，这样你才能避免那些令人毛骨悚然的"蚂蚁窝"的侵扰。

迅速碾碎"蚂蚁窝"。

*

当你比赛的时候，要按照你的比赛脚本的风格踢球，用你的两个控制器来执行你的比赛脚本，用你的自我对话和肢体语言来将"信心条"和"能量条"维持在满格。

我希望你快乐、自由、专注地参加比赛，这也是我与足球运动员经常讨论的 3 个词，我也尝试帮助他们在自由与专注之间取得完美的平衡。

快乐地比赛——脸上带着微笑或者有兴奋的感觉。自由地比赛——像冠军一样敢于冒险。专注地比赛——坚持你的比赛脚本，建立纪律感。

就是这么简单。提高快乐的音量，享受自我。要善于表现，自由地踢球。将你的注意力集中在你的比赛脚本、控制器、"能量条"及"信心条"上。

快乐、自由、专注地执行你的比赛脚本。

*

我希望你在比赛中 80% 的时间是无意识地完成动作，另外 20% 的时间是有意识地完成动作，同时在无意识与有意识之间寻求完美的平衡。

完全用无意识参加比赛的足球运动员在犯错误的时候，自己可能还没有完全意识到。他们可能表现得漫不经心，他们会一次又一次地在一对一的拼抢中败下阵来，而不会努力去改变现状。

为了获得和保持一种无意识的"仔细观察、快速反应"的心理状态，并且发挥这种心理状态的最大效益，有效地使用你的控制器来保持警觉、活力和专注是一种非常重要的手段。时刻提醒自己关注比赛脚本，有意识地碾碎随时可能冒出的"蚂蚁窝"。

根据 80/20 定律上场比赛——让有意识心理最大限度地利用无意识。

*

"神经的力量"源于德语单词 Nervenstaerke。我要你在压力下启动这种力量。

我希望你从比赛的第一分钟至最后一分钟始终拥有这种神经的力量。我希望场上的每个人——从守门员到前锋，都具有这种神经的力量。我希望你能创造一场正视压力并感受到压力的比赛，从而体验直面压力和蔑视压力的感受。

为了找到你的神经的力量，我希望你理性地看待输赢，坚持比赛过程，沉浸在你的比赛脚本中，使用你的两个控制器，碾碎那些"蚂蚁窝"，并且积极地踢球。

在压力下，使用神经的力量去比赛。

 提升篇

"高原现象"是进步的敌人，这是很多足球运动员曾经经历过的一个阶段。在这个阶段，他们的进步变得相对缓慢，技能水平也没有明显的提高，从而产生一种挫折感。

那么，接下来会发生什么情况呢？他们会变得紧张、压抑。他们又会做些什么呢？他们在训练和比赛中会更加努力。但是，这种加倍努力的尝试会使他们的肌肉变得更加紧张，使他们的心理变得更加混乱。因此，加倍努力只会强化"高原现象"，甚至会让球员的表现变得更加糟糕。

作为一名足球运动员，你需要采取多种策略来提高各种动作技能，才能不断地取得进步，才能有效地控制自己在球场上的表现，提升自己的足球形象。通过你的训练方案、针对性练习以及临场自我控制的工具，你现在已经有能力提高你的各种技能，并且在各种压力的情况下稳定地运用这些技能。但是，要求上进的球员的需要会更多，期望也更多。这就是在此讨论足球形象的原因。

在《打造足球大脑：学习英超球员的心理策略》中，我介绍了足球形象的概念。在本书的提升篇中，我们将以这些技术为基础来讨论一名足球运动员是如何看待自己的。你对自己比赛表现的主观看法就像一块磁铁那样吸引你展示自己的真正能力。一个足球运动员的竞赛表现不可能总是超过他自己的足球形象。

我希望所有的足球运动员能对自己的足球形象做一次测评。我认为一个足球运动员了解如何评价自己，对自己的进步至关重要。第18章为你提供了一个便捷的评估量表，以帮助你准确地了解你的足球形象。现在，我希望你完成这个评估，方法如下：

•知道如何有效地分析一场比赛，知道在什么时候对自己提出更严格的要求而不会影响自信心。

•保持身体强健。正如你的心理状态会影响你的身体功能一样，你的身体功能也会影响你的心理状态。

•运用你的记忆力和想象力来提升你的足球形象。

•采用各种有效方式进行自我对话，不断塑造积极的足球形象。

塑造足球形象有很多方法。别人可能看不见，但是它是你进步的基础。如果你想给自己一个机会，就有能力到达你向往的目的地！接下来，我们将从测量这一最重要的个性品质开始。

第18章　你的真实愿景

作为一名运动心理研究者，我的工作不仅仅是针对精英级别的足球运动员。我除了为那些已经家喻户晓的体育明星服务，让他们的技能水平在比赛中再提升额外的几个百分点，我还花了很多时间在欧洲很多国家与一些在较低水平联赛中踢球的足球运动员一起工作。例如，在英格兰，较低水平的联赛有甲级联赛、乙级联赛和无级别的其他联赛等。

我发现很多在较低水平的联赛中踢球的球员有一个共同的特点，那就是他们都具备到更高水平的联赛中踢球的潜力，几乎都有能力去更高级别的联赛中比赛。

与我共事过的大多数英格兰乙级联赛的球员的技能水平都有资格进入甲级联赛或者冠军联赛（仅次于英超联赛的下个级别），有些球员甚至还可以晋级到英超联赛（EPL）。

这与我在西班牙、法国、意大利、波兰、瑞士和德国与那些职业球员一起工作的经历没有什么不同。他们当中的大多数球员都具备向上晋升一个级别、两个级别甚至三个级别的能力。

是什么原因阻止了他们？是什么原因让他们停滞不前？

当然，其中可能有很多因素。但是，导致他们在比赛中表现不佳的共同因素是他们作为足球运动员的形象。太多的乙级联赛球员认为自己就是乙级联赛球员，而且无法表现得更好。他们没有将自己看成是冠军联赛的球员，也没有到冠军联赛去踢球的愿景。同样，很多冠军联赛的球员都在质疑自己是否有能力到英超联赛踢球，而英超球员也在质疑自己能否登上世界舞台。他们都非常希望进入国家队，但是他们就是不相信自己有这样的能力。

这种现象并不仅限于英国足坛或欧洲足坛，而是一个全球性的现象。我也经常与美国的年轻球员一起工作，在那里，我也发现了同样软弱无力的足球形象。他们中的许多人都具有很强的能力——已经在激烈竞争中获得大学足球专项奖学金。但是，他们在大学校队的第一年并没有表现出自己应有的技能水平。他们对足球反应迟钝，跑起来有气无力，传球也不到位。

他们不是一夜之间就变成了愚笨的球员，原因是他们觉得自己无法提高，他们不觉得自己是获得大学专项奖学金的球员。他们的足球形象很糟糕，对自己的竞赛能力缺乏信心。

这种情况也经常发生在那些已经进入英超联赛俱乐部的优秀球员身上。我也与他们中的很多人一起工作过。我曾经接待过一位在英格兰冠军联赛中表现非常出色的前锋。他那令人眼花缭乱的技术动作让全场观众为之欢呼雀跃，同时他还保持着不可思议的进球纪录。当时人们一点也不怀疑他可以在世界任何一家俱乐部、任何一个球场、任何一个地方同样展示他所掌握的动作技能。

但是，当他真正签约一家新的英超联赛俱乐部球队时，队里有一些大腕级的球星，这些球星正是他过去一直梦想着能与他们同场竞技的偶像。这使得他在训练中产生了一种胆怯的感觉。他总是在想千万不能出差错，如果犯了错，自己的偶像肯定会认为自己很愚蠢。他认为这些大腕球星们从来就没有输过比赛，也没有丢过球，没有错失过任何一个成名的机会，所以他自己必须与这些球星大腕们一样表现得完美无缺。

到了比赛当天，他怯场了。他真的有足够的实力与这些大腕球星们在同一个球场上比赛吗？他自己不能确定。这种担心意味着他在比赛场上会畏首畏尾和无所适从，同时也变得胆小怕事。

当他与我交流当时的感受时，我很明显地感觉到他的足球形象出了问题。他本身具备在超一流球队踢球的能力，也有在这个世界上最大的俱乐部之一的球队中占有一席之地的渴望与信念。他所面临的挑战就是他不认同自己是这个国家最好的足球运动员之一。他**感觉**不到自己与其他队友一样同属于这支伟大的球队。

他过去在冠军联赛中为自己的俱乐部效力时，无论在什么地方踢进的球现在都不重要了。现在是英超联赛，他的大脑不允许他在这样一个新的环境中产生舒适感，也在阻止他把自己看成是一个英超联赛的球员。

接下来，我们就开始工作。我们所做的第一件事就是用足球形象等级量表对他进行测试。

足球形象等级量表

在我与这位前锋初步讨论了他当时面临的挑战之后，我问他，你作为一名足球运动员，你认为自己的能力如何？为了让他更形象地理解这个问题，我给他提供了一份 0 ～ 100 分的足球形象等级量表。

我告诉这位球员，100 分是代表世界排名前 10 名球员的足球形象等级。10 分是周日联赛业余足球爱好者的足球形象等级。然后，进一步细化了这个量表的形象等级：90 分是世界一流球员的形象等级，80 分是国家队球员的形象等级，70 分被定义为英超联赛球员的形象等级，60 分是冠军联赛球员的形象等级，50 分是甲级联赛球员的形象等级，40 分则是乙级联赛球员的形象等级。

这位前锋立刻说，他是 78 分。

"我知道我是一名英超联赛的球员。我知道我已经足够好了。我承认我还不在最好的英超前锋之列，我觉得我还没有准备好进入国家队，我还不到 80 分，但我已经离目标不远了。"

接下来，我们开始讨论他的足球形象。我告诉他，他的足球形象在他的内心深处，是他作为一名球员的真实形象，只能由他自己来评价。我告诉他，测量他的足球形象最合适的标准是他在训练和比赛环境中体验到的舒适感。

测量你的足球形象的最好标准就是你在训练和比赛环境中体验到的舒适感。

我让他想一想他在冠军联赛俱乐部球队中的舒适感如何，在每一次训练课中的感受，以及他在冠军联赛中比赛的感受。

"我感觉真是很舒服！我觉得我随时都可以进球。我觉得我是俱乐部里最好的球员。"

然后，我问了他同样的问题，但是这一次是要求他评价自己在新的英超联赛俱乐部的舒适感。

"我在这里一点舒服的感觉也没有。事实上，我环顾四周，方方面面都感到很别扭。我的意思是在这里的都是大腕球星，我觉得我真的不属于这里！"

很好！这就是一个真实的反馈。我告诉他："能意识到自己是一名超级联赛球员，并且给自己打了78分，这是一个真实的评价。我丝毫不怀疑你的真实水平与能力。"但是，接下来我让他聚焦他对自己水平和能力的真实愿景来评价他的足球形象，并且要基于他过去在不同环境的比赛中所感受到的舒适程度来进行评价。他的回答也很迅速。

"我认为我可以得78分，但实际上我的足球形象只有68分。我过去在冠军联赛俱乐部踢球的感觉确实很舒服，但是我现在已经到了英超联赛，我一点都没有舒适的感觉。我肯定不会超过70分。"

从理智上讲，这名球员知道他是一名非常出色的球员。很多足球权威人士和球迷们也支持这一看法。统计数据也证实了这一点。但是，从情感上来说，这名球员的竞赛表现并没有反映出他的实际能力和水平。他的有意识和无意识的思维对自己当前所在位置的评价有很大的差距。

"你具备78分的能力，这是毫无疑问的，"我告诉他，"但是你的足球形象只得了68分。这说明在你的内心深处你还是认为自己只是一名冠军联赛级别的球员，正是这种想法阻碍你停滞不前，这也是你现在作为一名足球运动员的真实愿景。所以，我们还得做一些工作，我们必须将你的68分提高到78分。接下来，我们就要日复一日、周复一周、月复一月、一个赛季接着一个赛季，瞄准78分去努力提高自己。"

你的足球形象等级

你的足球形象属于哪一个等级呢？

我之所以给你提出这个问题是因为你的足球形象等级很可能与我们以上介绍的那位前锋有很大的区别。你认知中获得100分的可能不是世界排名前10位的球员，而是比你高一个或者两个联赛层次的球员，也可能只是全国大学生体育协会（National Collegiate Athletic Association，

NCAA）中最好的球员。

同样，90 分、80 分和 70 分的等级也会有所不同。它们可能会对应你所在的联赛体系中的某个级别。我无法告诉你，你的等级标准应该是什么或者不同的数字代表什么水平，但我鼓励你尝试完成这个任务。

首先，给自己的能力按照满分 100 分进行评分（如果你喜欢的话，也可以将满分定为 10 分）。你认为自己能得多少分？接下来，问问你自己，在你当前的得分上，你体验到的舒适度如何？为了强调这一点，请利用你的记忆。想想你过去在哪个较低的级别参加比赛时感觉很舒服？从什么级别开始你感到不舒服？现在发挥你的想象力，如果你在更高一个级别的球队中参加比赛，你会觉得舒适并且能轻松自如地与其他球员相处吗？在现在的联赛体系中，你最高达到哪个级别就开始感到有点不舒服（感受到其他球员的威胁或在比赛当天极度紧张）？

作为一名足球运动员，你如何看待自己？你如何描述自己？当你花时间去思考你的比赛表现时，你会看到什么样的内心图像？

很多与我一起做这个练习的球员对自己能力的评价要高于自己的足球形象。因此，他们需要努力改进自己的足球形象。我将在接下来的章节讨论改进的工具和技术。

大多数球员对自己能力的评价与他们的足球形象基本是一致的。他们的能力与自我形象相匹配。这些球员无论是在意识层面还是无意识层面对自己的技能水平与足球形象都有一个相对稳定的掌控。他们的主要任务是进一步完善训练方案，提高足球技能水平，同时改进赛前准备和比赛程序，以提高他们的能力等级评分。如果你是属于这个类型，我仍然希望你能吸纳本书这一部分讨论的技术，使你的足球形象与技能水平同步提升。所以，这一部分的内容对你而言并不是可有可无的，因为它们关乎你的能力与足球形象能否进一步提升。

还有一些人，尽管为数不多，他们对自己的能力等级评分低于自身的足球形象。无论是因为人格特质、心理韧性还是其他先天或后天的原因，这些球员在与比自己强的球员一起训练或比赛时，一点也没有感觉到自己的能力不够。这也是一种值得肯定的心理状态！你也可以按照他们的这种方式来维护你的足球形象。接下来，为了更好地提升你的足球技能水平,让我们制订一个训练方案、一个比赛脚本,不断塑造你的足球形象,并且使你的能力得到同步提升!

技能十八

为你的足球形象评分。

第 19 章　闭目反思、严格要求

冠军之所以成为冠军是因为他们对自己要求很严格。他们有一种追求卓越的内在声音，并且需要周复一周的严格训练与激烈比赛，几乎累到精疲力竭。这就是他们的成长方式，也是他们逐渐成为高水平球员的方式。

但是，高水平竞技运动有其特点。正如你不能在足球场上像一只无头苍蝇那样瞎跑乱撞，你也不能总是使自己处于亢奋状态。这样做的结果就是导致产生心理恐惧症，这种恐惧症会极大地限制球员在比赛中的自由、想象力、自信和专注力。

冠军的心理状态是有弹性的。冠军知道什么时候应该紧张、什么时候应该放松、什么时候应该自我批评、什么时候应该自我肯定。冠军也具备一种特殊的能力，那就是能够将自己关于技能、强项和弱项的思考与对未来比赛的期望区别开来。

自我分析对你塑造足球形象的能力至关重要，因为你的足球形象将帮助你不断提高足球技能水平，在比赛中不断取得优异成绩。

为了提升你的足球形象，在比赛当天有良好的自我感觉，你必须知道什么时候应该对自己严格要求，什么时候应该提高自我批评的音量。以下是关于这一重要思维技能的解释。

闭目反思

你已经表演完毕，比赛结束了。各种情绪会在你的大脑中盘旋，同时也会传递到你的身体的每个部位。也许这是一场令人称道的比赛，你的球队赢了，这时的情绪就是喜悦。队友互相击掌庆贺，每个人脸上露出了灿烂的笑容。也许你的球队输了这场比赛，这时的情绪就是沮丧。

不管你是喜悦还是沮丧，在一场比赛之后，要给自己一些时间，让自己反思比赛的结果。毫无疑问，教练会进行总结，队友们也会表达自己的看法。你应先注意倾听，然后消化吸收！无论他们采用何种表达方式，必须尊重每个人的分析与见解。

比赛结束后大约 1 ~ 2 小时，我想让你闭目反思。我要求你这样做的目的是我希望你排除由比赛产生的所有情绪，让你的心情平静下来。接下来分析你的比赛表现。

为此，做几次深呼吸，放松你的肌肉。真正专注于你的呼吸，专注于你的胸部扩张和收缩。注意每次呼吸，并开始记数。这样你就可以将自己从刚才的 30 分钟或 60 分钟里完全沉溺于比赛结果的情绪中解脱出来。

严格审视比赛过程

在比赛当天，大多数足球运动员对自己的要求都是错误的。他们对比赛结果很在意，对个人的表现也很在意。但是，正如本书所传达的信息，结果并不是可控的，个人的表现也不是可以强迫或可以保证的。

我认为足球运动员在比赛时应重点关注比赛的过程，在比赛结束后对比赛过程进行严格的分析。这也是他们对自己提出更严格要求的一个环节。你也应该对此有清醒的认识，以下是你在闭目反思时给自己提出的第一个问题："如果以 10 分为满分，我能给自己的比赛脚本打多少分？"

接下来的问题是"我是否充分利用了我的控制器？我碾碎"蚂蚁窝"的效果如何？我的"能量条"和"信心条"是满格的吗"？

不必着急回答，对自己要诚实。如果你没有充分运用你的控制器，原因是什么？你的自我对话控制器和身体控制器应该随时听你召唤。你可以选择保持警觉，随时做好接球的准备。如果你没有这样做，那么原因又是什么？无论比分如何、对手是谁、你的个人表现如何，你都可以自信地与自己交流。如果你让"蚂蚁窝"完全占据了你的大脑，你更需要问自己为什么会出现这种情况？你对自己应毫不留情。

我帮助过的那些球员们知道我希望他们在比赛过程中充分拓展自我，在比赛中认真执行比赛脚本。如果他们的"能量条"和"信心条"水平太低，那么他们就需要采取有效的措施迅速进行补充，并使它们保持满格，这也是我对他们提出的要求。

如果以 10 分为满分，假设是最糟糕的情况，你不能给你的比赛脚本评 8 分，那么你应该对自己提出更严格的要求。请记住，这与竞赛表现是不一样的。我从未要求过任何人必须有惊人的表现，但我确实希望每名球员都有一个伟大的经历。

如果你的比赛表现一塌糊涂，那么你应该重温一下本书前面的相关章节，并且在你的日常训练中为比赛投入更多的资源（也许你的训练方案需要更多地转向使用控制器和执行比赛脚本）。

当然，对比赛过程的分析不能草率。冠军们会控制自己的控制器。如果你在思考如何使用你的控制器及如何将它们融入你的比赛脚本上花费更多的时间，你就能够更自如、更有效地使用它们。你的竞赛表现也会自然地呈现。

表现第二

接下来，我们开始在你的大脑中构建一部关于你精彩表现的影像。这部内心影像的连续镜头必须在两种画面之间保持平衡，一种是能帮助你体验作为一名足球运动员良好感觉的画面，另一种是能帮助你提高足球技能水平的画面。这两种画面都是为了提升你的足球形象。

请注意我使用了"帮助你提高足球技能水平"这个表述。冠军们会利用赛场上自己表现不佳的时刻和失败的比赛来点燃自我改进的熊熊烈火，他们将这些视为有益的反馈来源，使自己明确今后改进的任务与方向。

那些在赛后忽视不足之处的足球运动员在事业上是很难取得成功的。他们失败是因为他们不会从错误中吸取教训，从而不会变得更好。

问问你自己："如果以 10 分为满分，我给自己今天的表现打多少分？"你已经对你的比赛过程提出了同样的问题，接下来就要分析你的表现了。

如果你给自己打了 6 分，我希望你给自己提出如下问题："我为什么要打 6 分？我在比赛中有哪些精彩表现让我给自己打了 6 分？"

这样，你就有机会思考什么是好的一面。即使你整场表现都一塌糊涂，但至少也应该有两三个精彩的瞬间。即使你只给自己的表现打了 3 分，也可能有"神来一脚"。如果你曾处于最糟糕的状态，也不必忌讳它。但是，当你闭目反思时，你就有义务寻找那些对你有积极意义的瞬间，你需要这些闪光的时刻来充实你的足球形象。

接下来，我想让你问问自己："我给自己打了 6 分（作为一个例子）。我需要做哪些改进才能让下一次的表现打 7 分或者 8 分？"

冠军们都喜欢这个问题，因为他们都有这种要求。这个问题为更好的表现是什么样子提供了一个视觉形象。你在这次的比赛中得分是 6 分，那么 8 分是什么样子呢？ 9 分又是什么样子呢？

如果你不能看到卓越的表现是什么样的，即使只是通过你的想象也不能，那么你就不可能有卓越的表现。你通过以上更严格的审视而获得信息后，还必须结合下个问题一起考虑："这次比赛中有哪些因素是需要添加到我的训练方案中去的？"

如果你认为还有一些表现方面的漏洞需要在你的训练方案中弥补，我还是提醒你不宜简单地进行处理。你如果这样做，可能会发现训练方案将变得过于庞杂和难以掌控。在你的练习过程中布置的任务太多也会阻碍你进步。你可以将你觉得需要重点关注的环节记录下来，纳入下个月的训练方案。

睁开双眼

现在，你可以再做几次深呼吸，放松。你若想闭上眼睛就闭上眼睛，仍然保持一种平静的心理状态。你刚才一直在紧闭双眼分析你的比赛。

这时，你的情绪可能又会侵入你的意识层面。没有关系，足球本身就是一项情绪化的运动！你现在已经完成了自我分析的任务。你一直是以一种正确的方式对自己从严要求——你为自己的足球形象提供了强有力支撑，而你的足球形象也是构成你与众不同的内在特质的积极体验。

你同样也找到了你需要做出改进的理由。这样，你就会成为一名执着的足球运动员、一名聪明的足球运动员。执着与聪明的结合将是最具杀伤力的组合。

严格要求自己的日常训练

如果赛后的自我分析是既针对你在比赛中的优点也针对你在比赛中的缺点而进行的一种综合评价，那么你的训练思想也应该与赛后的自我分析保持高度一致。

在日常训练中就要严格要求自己。之所以在日常训练中就严格要求自己，是因为正如本书前文所讨论的日常训练是你未来拓展自我的前期积累。

我是否专注于我的训练方案？我是否走出了自己的舒适区？我今天的表现是否比昨天有进步？

现在，让我对"严格要求日常训练"作进一步的解释。在拓展自我的情景中，有时你会犯一些错误，但是不要担心出错！我希望你对自己严格要求是看你是否在尝试突破你的舒适区域。如果你没有做这种尝试，那么说明你还没有付出足够的努力，还没有完全践行让自己变得更好。

在每次训练结束后，先问问自己有哪些地方值得肯定，一般是从积极的方面开始分析。但是，当涉及有些环节应该做得更好的时候，我也真诚地希望你能提高自我批评的音量。我真的希望你能对自己的训练心态、训练态度和训练能力提出最严厉的批评。

在训练中，你是生活在舒适区之外，还是在舒适区的边缘上进行练习。你可以大胆地传球，敢于尝试用更快、更强、更敏捷和更灵活的方式完成各种技术动作。当你回想这一两个小时的训练时，你应审视自己是否这样做了？你有进步吗？这2小时的训练效果如何？

严格要求日常训练需要你有一种追求完美的心理状态。虽然完美主义在比赛当天可能是极其有害的，但在日常训练中它却是提高练习质量的根本法则。细节决定成败，要成为细节型球员，成为那个经常说"还不够好"的人。

为了提升你的足球形象，你必须提高你的专项技能水平，必须改进与你的足球技能相关的每个细节。所以，你的足球形象是建立在拓展自我这种心理状态之上的，这也是我希望你在日常训练中就应该重视的心理状态。

必须严格要求日常训练！

严格践行冠军的习惯

严格践行冠军的习惯必须像你每天要洗漱一样。没有人会否认养成卫生习惯是至关重要的日常活动。对于冠军来说，良好的行为习惯就像坚持严格的饮食计划和锻炼计划一样。虽然这些计划有时可能很难做到，但如果你想事业有成，就必须坚持，必须保持良好的行为习惯。

与我一起合作的很多球员都对我说他们希望获得成功。他们憧憬着自己渴望的足球未来，深爱着这种情形以及与之相伴的一切。他们有强烈的成功动机。但是，他们中的大多数人却不能**践行承诺**，有动机与践行承诺之间存在很大的区别。

动机是短暂的。它就像大海的潮汐，有涨有落。也许你已经在视频网站上聆听了一场鼓舞人心的演讲，并且你已经准备好对当前的情况有所作为了。伴随着音乐发出的响亮而刺耳的声音，你开始进行训练。你在训练中表现得非常刻苦，跑步、跳跃、举重，面面俱到。但是，当你第二天醒来时，你会感到浑身僵硬和疲惫不堪。这时，你在心理上呈现的都是那些必须完成的枯燥练习画面，此时你只是想象这些画面就会觉得筋疲力尽。这就是你短暂的动机。

践行承诺则是每天都要完成的工作，也是每周、每月都要完成的工作。它会让你感觉筋疲力尽，但是你仍然要义无反顾地继续前行。践行承诺会让你产生厌倦，但不管发生什么都要坚持下去！

认真剖析自己的竞赛表现，观看录像进行分析，重复播放，坚持最后精疲力竭的 5 分钟，坦然面对失败，坦然面对差错，最后再多跑一步，运用想象力，脚步不停地移动，早睡，认真学习，等等。那些出类拔萃的足球运动员都有与众不同的行为习惯，他们每天甚至每时每刻都在践行这些良好的行为习惯。

我担心的是，很多球员都具有强烈的动机，但是他们却不能坚持践行承诺。他们希望自己在训练和比赛中有更好的表现。青少年们也都如此，他们希望进入顶级的大学足球队，想留在球队里，希望自己的球队能赢得一座总冠军奖杯。也许他们还有更多的梦想，他们希望入选美国职业足球大联盟（Major League Soccer，MLS）。也许他们还希望走得更远，期望去欧洲踢英超联赛、西甲联赛（La Liga）、意甲联赛（Serie A）或德甲联赛（Bundesliga）。

我对他们说（正如我对我接待过的其他球员说的那样），有动机肯定是好的，但更重要的是践行承诺！要坚持每天让你的心理和身体都践行那些良好的行为习惯和模式，冠军就是这样产生的。

当然，践行承诺可能意味着枯燥乏味、汗流浃背，甚至痛苦不堪。它不会总是看起来那么有吸引力，不会总是看起来乐趣无穷，也不会总是很炫酷。但是，你必须与众不同，不能做胆小鬼，必须严格要求自己去做那些能帮助你实现梦想的事情。

当你想到"别来打扰我"时，就定义那是一只"小蚂蚁"，确认它是一种无意识消极思想。

当你产生"我想留到以后"的想法时，那也是一只"小蚂蚁"，碾碎它，马上碾碎它！

当你觉得昏昏欲睡，想要跳过某组练习时，这就是一只"小蚂蚁"。要迅速将它**转移**到"我能行"的肯定态度上来。

践行承诺首先必须明确你每天要做什么，然后付诸实施相应的行动和行为。接下来，就是区分哪些是阻止你践行重要习惯的"蚂蚁窝"。

那些消极想法，那些"蚂蚁窝"，也可能是一种感觉。它们可能不是你脑子里的思想，可能是一些破坏性的感觉，如嗜睡、沮丧、疲倦、无聊或呆滞。对我来说，它们也是"蚂蚁窝"，你必须克服它们，必须用充沛的精力和专注的态度来执行你为自己规划的训练方案。

要认真完成每组练习，高质量地完成每次冲刺，要善始善终、竭尽全力。不要偷工减料、不要三心二意，不要向"蚂蚁窝"屈服。践行承诺将帮助你探索你究竟能变得多么优秀。

技能十九

严格要求自己。

第 20 章　雷安·威尔逊打造的身体

"没有哪个球员在赛季刚开始就表现得疲惫迟缓。"

雷安·威尔逊用坚定的表情告诉我："他们就像鸟儿刚从牢笼中飞出一样充满渴望，蓄势待发。"为什么他们会有这样的感觉呢？他们已经度了几周的假期，给自己的电池充满了电量，随后还经过了 2 ~ 4 周全身心投入的高强度训练。他们比其他人要先行一步。他们甚至在别人还在考虑季前训练之前就已经点燃了比赛的欲望。

我当时在英格兰的布里斯托（Bristol）参加英超联赛体能教练雷安·威尔逊专门为精英级和准精英级球员组织的 B2 行动训练营（Back 2 Action Training Camp）。该训练营在 6 月举行，为期 1 个月。因为雷安·威尔逊帮助一些优秀和聪明的年轻球员取得了超乎人们预期的进步，他逐渐建立起自己的声誉。他是通过帮助这些球员训练出一个奔跑更快捷、工作更努力、功能更完善的身体来实现的。

6 月，英格兰足坛风平浪静。当时还处在各种联赛的休赛期，大多数球员都在欧洲的海滩上晒太阳。但是，雷安·威尔逊训练营的球员们却在全力为自己期待的最好赛季做准备。他们在着力改进自己的技术技能，努力磨炼自己的心理素质，并且变得越来越强健、越来越勇猛。

一场小场地对抗训练正在进行，一群令人着迷的天才球员正在表演。有几个是英超联赛的球员，还有 4 ~ 5 人是来自英格兰冠军联赛的球员，其余的则来自较低级别联赛的球员。他们传球神速，在比赛中观察全场以增进足球意识。一群雄心勃勃的球员在加班加点训练，而其他人则躺在太阳椅上闭目养神。

雷安·威尔逊与他的球员一样，一心一意，眼睛盯着球员们对抗训练的细节。他在观察他们的跑动和身体形态，以及那些会导致球员发生各种身体损伤的细小动作。雷安·威尔逊正是通过这种对抗训练试图发现那些导致球员专项技能停滞不前和引起运动损伤的原因。正如我对球员的心理状态充满研究激情一样，雷安·威尔逊对球员的身体功能也充满研究激情。但是，我们都知道身心是一个整体。

在许多方面，我的工作也有助于提高球员的身体功能。通过管理他们在场上和场下的思想和心理状态，他们可以更好地了解他们的队友和场上的对手，可以更快地进行预判，并且在决策中表现出更大的灵活性。通过集中注意力，他们可以让自己跑得更久，可以在比赛最后关键的几分钟激发更大的能量。

就像心理状态影响身体功能一样，身体功能也影响心理状态。雷安·威尔逊绝对不仅仅是一个体能教练，他的工作会净化球员的大脑、拨开心理的迷雾、提高思维的清晰度。他通过帮助球员在身体功能上达到最佳状态，同时也为球员所需要的心理稳定性奠定了基础。

我通过研究人的心理状态进而了解人的身体功能，雷安·威尔逊研究人的身体功能进而关注人的心理状态。这种令人难以置信的强大组合是每个未来的足球运动员都应该追求的目标。扬尼克·博拉西就是一位善于运用这个强大组合的球员，他就是"生猛、灵巧、执着的罗纳尔多"。

雷安·威尔逊与扬尼克·博拉西的故事

雷安·威尔逊是扬尼克·博拉西一生中最重要的教练。他每天都在扬尼克·博拉西身边，为扬尼克·博拉西塑造了具有统治力（regime）的身体，帮助扬尼克·博拉西真正发现自己能够做得多好。

扬尼克·博拉西在布里斯托城队（Bristol City）踢球时遇到了雷安·威尔逊，当时布里斯托城队是英格兰较低级联赛的球队。扬尼克·博拉西告诉雷安·威尔逊，他渴望得到更大的进步。雷安·威尔逊很乐意帮忙。因此，雷安·威尔逊和扬尼克·博拉西齐心协力，制订了一套艰苦的体能训练计划，以巩固扬尼克·博拉西在俱乐部显现出的统治力。

专注

在一场切尔西队对阵水晶宫队的比赛中，当对方后卫布拉尼斯拉夫·伊万诺维奇（Branislav Ivanovic）将扬尼克·博拉西撞到场外时，扬尼克·博拉西意识到他必须加强力量和平衡能力的训练。作为一名边锋，扬尼克·博拉西不能忍受任人欺负，他也不允许自己在与对手的拼抢中失去控球权。

扬尼克·博拉西对类似这样的情况感到耻辱，同时他知道必须保持最佳的身体状态才能发现自己真正的潜力，所以，他每周都要求雷安·威尔逊指导他进行几次专门的体能训练。

如果你有机会坐下来与扬尼克·博拉西一起讨论他的身体准备，他会向你解释他要打造自己的"足球身体"，同时希望自己的"足球大脑"也得到改善。

扬尼克·博拉西明白，当遇到一个身体强壮的对手，并且在拼抢中不能获得控球权时，这对球员的信心是有害的。当切尔西队的后卫伊万诺维奇贴身紧逼而让扬尼克·博拉西无法摆脱时，扬尼克·博拉西丧失了对比赛的专注，怀疑的情绪开始在他的大脑中蔓延，他开始意识到自己的身体条件还不足以在英超联赛的赛场上立足。

扬尼克·博拉西关于心理与身体之间存在联系的看法是正确的。我经常听到球员告诉我，他们在比赛中"断电了"（表现失常），原因是他们在与对手的身体对抗中屡次处于下风。由于对手在比赛中的强势表现，他们对比赛的专注力也下降了。

我会帮助这些球员使用两个控制器。我要求他们将比赛脚本放在最优先的位置，这样他们就可以迅速而平静地重新关注当前比赛。同时，我也与他们讨论身体和心理之间的联系。只有在身体上做好充分准备，才能在心理上变得更具韧性。

心理韧性非常重要的一个方面就是大脑的专注力。当一个球员的身体强壮有力时，他便增加了赢得身体对抗的机会，同时也降低了分心的风险。扬尼克·博拉西已经发现了这一事实。他与雷安·威尔逊的合作让他赢得了更多一对一的身体对抗，同时也减少了在比赛中的分心。

每当扬尼克·博拉西上场参加英超联赛的比赛时，他都知道自己是在世界上对身体要求最严格的联赛中踢球。但是，对他来说，这已经不再是一个问题，他已经对自己的身体进行了严酷的训练，而且他也提高了自己的专注力。他现在不太可能再被人撞出场外了。他的身体可以自动地完成各种技能。他将注意力完全集中在他的场上位置与相应职责上，让比赛按照自己预期的方式进行。

内心的图像

"我希望你把接下来的事做好：将你的双脚放在地板上，然后想象你的双脚去碰烧红的煤炭。因为煤炭的温度很高，高到你的双脚一刻都不能停留——让你的双腿创造力量，让你的双脚创造速度……"

"好的，再来一次，动作要准确。想象那些烧红的煤炭，仔细地想，精确地做……"

"重复一次，准确无误地想象，踩在烧红的煤块上，然后以快、再快、极快的速度抬起双腿。"

雷安·威尔逊的训练方法增强了扬尼克·博拉西的想象力和创造力。他让扬尼克·博拉西设想的那些图像激励他在身体上追求卓越，同时也激发了他的想象力和创造力。

想象你的双腿支配你的双脚去触碰烧红的煤炭，在令人难耐的高温下迅速抬腿。使用这种想象来提高你的能量和速度。

一位知名的教练曾经告诉我，他认为巴西足球运动员之所以擅长足球运动是因为对卡波耶拉[①]的热爱。这种巴西战舞结合了舞蹈和杂技，是大多数巴西人从小练就的一种技巧。他们先学习变换不同的身体姿态，然后再学习踢足球。这样，他们就更容易掌握足球技能和技巧。他们不仅提高了自身的平衡能力，同时也提高了一对一对抗和突破过人的能力。

雷安·威尔逊在指导扬尼克·博拉西的训练时，强调奔跑速度与力量训练的结合。他认为，理想的足球身体可以有不同的变化，但是它应该具有摧城拔寨的能力。

---

① Capoeira 一种巴西国术，亦称巴西战舞。——译者注

当你观看扬尼克·博拉西踢球时，你会看到他的整个身体都在踢球，一会儿变向、一会儿转身，就像你看到他的速度、力量和耐力一样。扬尼克·博拉西每天都在进行类似的想象。他从周一到周五都在内心观看他期望的比赛图像，所以当周六到来的时候，他的身体已经做好了充分准备。他满怀信心地上场比赛。

扬尼克·博拉西热衷于收集追求卓越的内心图像。他可以想象每个细节——他的身体像风一样轻松绕过对方的防守队员，他的双腿充满活力地尽情奔跑，他的双脚在展示喜悦与兴奋的舞步，就像他正在参加自己最得意的比赛时那样。

我想让你想象一下你的身体能力和竞赛能力，想象自己的跳跃、奔跑、阻截和射门。你内心的图像越详细，你的大脑就越能真实地感觉它正在发生。你的大脑越相信它，你就会变得越有想象力。

每天都要激发你的想象力，将你的图像目录与你当前的身体活动联系起来。只要你练习得越多，就越有创造力、越自信。

身体自信与比赛自信

每到周末，当扬尼克·博拉西走出体育场的入场通道，在成千上万名球迷的尖叫声中进入世界上最著名的球场时，他知道自己已经在身体上做好了充分准备，以应对不同的对手对他提出的各种挑战。

他知道自己能赢得身体对抗，不会被对手的速度与力量压倒。他知道他可以让对方后卫体会到绝望的感觉，可以领先对手一步。他知道他的"能量条"能保持更长的时间。

他之所以知道是因为他在进行身体训练时特别投入，这种投入为他参加比赛增添了信心。因为他对自己的"足球身体"信心满满，所以他对自己的比赛也信心满满。对于每个星期的比赛，他都做好了充分准备。他在每场比赛中他的身体都能表现得非常出色。

在星期六，他会回顾一周高质量的训练。他可以说："我在训练中非常投入，训练效率也很高。我在身体上已经准备就绪，这让我感觉到我在心理上也完全准备就绪。"

他在身体上准备就绪了，所以在心理上也准备就绪了。

扬尼克·博拉西一周的体能训练帮助他在周六当天精神焕发——那是一种有感染力的自信。当他的队友们看到他积极的肢体语言和乐观的态度时，他们也从扬尼克·博拉西身上感受到这种积极的影响。队友们看到了他的竞赛能力、他的活力、他的奔跑，他们也越来越自信。前锋队友知道他们会得到队友的横传助攻，中场球员知道会有人将球传给他们，后卫们知道他会快速撤回参与防守，整个团队都知道扬尼克·博拉西在比赛中会竭尽全力。扬尼克·博拉西的竞技能力让全体队友都放心。

你是在刻苦地训练你的"足球身体"吗？如果你能满怀自信地上场比赛，你的自信是基于你的脚下速度、躯干力量和肌肉耐力吗？

如果不能，原因是什么？如果不能，那么你不是一个令人敬仰的信心创造者。如果不能，马上开始训练你的"足球身体"，重点是你的耐力和竞技能力。

毅力

通过与雷安·威尔逊的合作，扬尼克·博拉西也改善了他的性格。雷安·威尔逊是个注重细节的人，他做事从不马虎。如果扬尼克·博拉西在健身房的练习达不到最认真、最专注的要求，雷安·威尔逊是不会放过他的。

"扬尼克·博拉西，再来一组，用力，坚持！"

"顶住，加油，再用力，再坚持，要顶住！"

雷安·威尔逊也是在训练扬尼克·博拉西的毅力。他运用自我对话控制器给扬尼克·博拉西的内部电池充电。他也激发了扬尼克·博拉西的"能量条"，并且给他一些心理工具来保持他的"能量条"始终维持满格，以应对各种可能发生的情况。

当然，扬尼克·博拉西有时也会觉得体能训练枯燥乏味。所有的足球运动员时不时都会有这种感觉。但是，扬尼克·博拉西还是坚持进行这种训练，他不会停下来，不会屈服于厌烦情绪。他一直在坚持——他完成了一套动作，完成了一组练习，不折不扣地完成了一次训练课的全部任务。

扬尼克·博拉西是在践行自己追求卓越的承诺。正是这种对承诺的坚守才将扬尼克·博拉西与其他球员区分开来。正是这种对自我约束等良好行为习惯的坚守，才能让他探索自己潜能的无底洞。你的任务就是带着你的能力、没有极限的信念去思考和行动，而进行体能训练和完成每套动作确实是一种乏味且繁重的活动。扬尼克·博拉西从来不讨价还价，对你来说也应该如此。

多完成一组练习，你就能在球场上多跑出一米的距离。早一点开始你的练习，你就会在比赛开始前 5 分钟有更好的表现。你不断拓展你的身体，就能不断拓展你控球的能力。

"不停地跑动，专注当前的任务，做好每组动作，进一步拓展自己"。

足球运动员不仅要具有更强的毅力，而且还要表现出与众不同。他会看到一个完全不同的、更精彩的足球比赛，因为他对自己"足球身体"的严格训练帮助他改善了自己的足球形象。

改善你的形象

- "我很强健，非常强健。我已经准备好利用我强健的身体比以往更加努力地训练和比赛。"
- "我在强化我的力量训练，我感觉超级强壮。我将用这种力量赢得头球，赢得一对一的对抗。"
- "我的跑位能力比以前更强了。"

还有什么更好的办法能提升你的足球形象吗？结合你的记忆与想象练习，强化你的竞技能力与身体素质是提升足球形象最有效的方法之一。

- "我会利用我的速度成为第一。"
- "我将使用我崭新的力量在对抗中变得更强势。"
- "我现在的步法和节奏可以将其他人甩在后面。"
- "我的射门势不可当。"

作为一名足球运动员，你是谁？当你与那些更高级别联赛的球员同场训练时，你会有什么感觉？或与那些比你高一个年龄组的球员同场训练时，你会有什么感觉？

你可以针对技术进行训练，也可以努力使自己做好心理上的准备。那么，为什么不努力提高自己的身体能力与竞技能力呢？如果将这 3 个方面结合起来，那么你的足球形象将威猛无比。你对自己作为一名足球运动员的感觉也会焕然一新。

要针对技术进行训练，针对心理进行训练，针对身体进行训练。要想成为足球硬汉，不仅要认真完成各种器械练习和组合练习，还要吃得好、睡得香。你拥有一个充满潜力的无底洞，如果你想发现你的潜力有多深，那么你别无选择。

别无选择

如果你没有针对自己的身体进行训练，你就无法做最好的自己，也就没有那个充满潜力的无底洞。你是自己在限制自己能力的提升。

如果你没有针对自己的身体进行训练，那么你就不能最大限度地发挥你的心理状态和心理素质的积极作用，就会白白浪费那些能够提高你的注意力、想象力和增强你的毅力的极好机会，也白白浪费了那些训练自信心的课程。

如果你没有针对自己的身体进行训练，那么你就无法塑造冠军级足球运动员的足球形象。

以上这些对我来说都是无法接受的。我希望你明白你已经尽力变得更健康、更快、更强壮，经过刻苦训练已经变得更机敏、更结实、抗压能力更强，并将带着舍我其谁的感觉上场比赛。

具有良好身体素质的球员会让他们的对手觉得比赛是一场噩梦，让对手感到恐慌。当扬尼克·博拉西在边路带球时，他想让对方的防守队员感到害怕。他希望不仅仅是他的脚下技术，还有他的身体形态让对方的边后卫也产生恐惧。

- "我无法阻挡他沿边线推进——他太快了。"
- "我没办法迅速拦截他——他太强壮了！"
- "我无法阻挡他向内突破——他太自信了。"

你能明白扬尼克·博拉西与雷安·威尔逊先前所做的工作吗？他现在是那么快、那么强壮、那么自信，他已经将别人吓倒了！当然，他也在场上展示了很多专项技能，扬尼克·博拉西在身体上的投入进一步强化了他的专项技能。他的身体形态对对方后卫的心理就是一种威慑，他将恐惧注入他们的内心，将怀疑刻入他们的大脑。扬尼克·博拉西自己却增加了确定感和自信心。

- "如果我沿边线突破的话，我可以利用我的速度。"
- "如果他靠近我，我可以好好利用我的力量。"
- "如果他阻挡我向内突破，我会躲过他，或者传个好球。"

如果在你的整个训练计划中加入一个综合性的体能训练计划，你就可以在比赛中拥有这种自信。

也许读过本书的大多数人永远不会成为英超球员，但这不是重点。谁在意这点呢？但是，通过训练你的思维方式和身体素质，你可以成为最好的自己。你可以打造你追求卓越的个人品牌。如果你的队友们都在一旁观看，并对你追加的拓展性练习不屑一顾，你不必在意！如果你每周必须多投入几个小时进行艰苦的训练，那么当你上场参加比赛的时候，你在球场上获得的统治感将大大弥补你额外投入的时间。

通过践行你自己改善身体能力的承诺，你也能塑造与众不同的足球形象，并且养成赢得比赛的行为习惯。这也是我对你的期望。我希望你能专心致志地追求更快、更强、更机敏的目标。我希望你能致力练就一个更强壮的身体，并且打造一个能够在职业生涯中走得更远的身体！

技能二十

注重身体素质与竞技能力。

第 21 章　回忆与梦想

在《打造足球大脑：学习英超球员的心理策略》中，我介绍了记忆力和想象力在足球运动中的重要性。我希望球员能够记住他们过去表现最好的时刻，也希望他们能够花时间去想象他们梦想的比赛。

3 年过去了，我与足球运动员的合作一直进展得非常顺利。我曾与世界上最优秀的足球运动员和教练员共同度过了一些美好的时光。我也曾在全球各地的会议上发表演讲。我仍然坚持我的观点——记忆力与想象力是你的足球形象中最重要的组成部分，也是你能够保持进步的最重要的因素。

通过记忆你的最佳状态，就不断地给你的大脑提供保持学习所需要的营养。你过去表现最好的那些比赛为你提供了能帮助你产生美好感觉的图像。当你感觉良好的时候，你的思想也会为你的学习敞开大门。

你最好的比赛是什么样子的？你感觉怎么样？

通过记住你表现最好的比赛，你便拥有了一个生动的模板去一次又一次高质量、稳定地发挥你的足球技能。如果将这些精彩的记忆刻入你的大脑深处，也会极大地帮助你展示绝佳的竞赛表现，成为一名出色的足球运动员。它们还会塑造你的足球形象。

"我最好的状态是什么样的？我最好的感觉是什么样的？我敏锐、有活力、轻快自如。我眼睛睁得大大的、头脑清醒。我的视野很宽广，活动范围很大。我感到浑身是劲，我感觉韧性十足，我感到自己竞争的欲望很强，我感觉自己充满了活力。我将踢出我最好的比赛。这就是我，这也是我现在的目标。"

要经常查看这个模板，每天如此、每周如此、每月如此。要让它成为你日常的行为习惯之一，并且严格要求自己践行这个行为习惯。这样你可以避免"高原现象"。即使在你的训练和竞赛表现低于平均水平时，它也会使你的心理和身体产生那些能让你感觉良好的化学物质。

同样，我也希望你能够专心致志地在心理上观看和体验自己梦想的比赛。你在球场上100%发挥是什么样子？ 120%发挥是什么样子？ 150%发挥又是什么样子？

你的思想有多远你就能走多远！仔细研究那些足球大师们的比赛，可以让你的注意力超越现实。这样做并无不妥，今天的想象就是明天的现实。

•像梅西一样踢球是什么样子？感觉怎么样？

•像诺伊尔一样踢球是什么样子的？感觉怎么样？

•像阿比·万巴赫一样踢球是什么样子？感觉怎么样？

•像阿西斯特·奥舒拉（Asisat Oshoala）一样踢球是什么样子？感觉怎么样？

坚持每天锻炼你的想象力。要用期望、质疑和好奇心来训练你的大脑，以帮助你完成那些针对比赛的身体练习。这并不一定意味着你可以在比赛中达到这些球员的技能水准，但确实意味着你在用实际行动尽可能地向他们看齐。

你的足球比赛就是你的"足球大脑"。你要塑造你的"足球大脑"，可以选择许多方式。如果你能给大脑提供正确的信息，你就能将它打造成一个追求卓越的控制中心。

正确的信息包括你的训练方案、比赛脚本和两个控制器。告诉你的大脑你能够为你在训练场或者比赛当天的行为负责，那么你就在塑造一个强有力的足球形象——一个肯定能自我控制的形象。

其他的信息包括对过去最佳表现的记忆及未来实现梦想的可能性。

•我最好的比赛是什么样的？我在表现最好的比赛中感觉如何？

•如果我在周六上演我所梦想的比赛会是什么样子？会感觉如何？

每条信息都关系到你足球形象的质量。从你的图像中删除那些无益的和破坏性的信息，比如"蚂蚁窝"。它们会对自信心产生消极的影响，进而也会对竞赛表现产生消极的影响。

当然，这并不意味着你可以忽视自己的弱点。我们在前文已经讨论过认真审视你觉得需要改进的比赛环节的重要性。同样，当你在赛后闭目反思，并分析自己的竞赛表现时，你需要探究哪里出了问题，哪里表现得不太好。这两个反思过程都很重要，不应该被忽视，但是应该有所区别。这种针对问题的反思过程应该是对你的比赛进行简短而尖锐的审视。而在其他任何时候，你都需要专注于你的强项、你最好的比赛和你梦想的比赛。如果你想塑造自己的足球形象，那么把握好反思和想象之间的平衡是至关重要的。

一名相信自己有无限潜力的足球运动员会塑造自己的足球形象。一名足球运动员闭目反思，并以最恰当的方式分析自己的比赛，就是在塑造自己的足球形象。一名以正确的方式严格要求自己的足球运动员也是在塑造自己的足球形象。现在，就将回忆与梦想这两个工具也列入你的足球策略清单，以帮助你每天提升自己的足球形象。

看到最好的过去，预测最好的未来。当你这样做的时候，你就能更轻松地应对来自球场内外的各种挑战。这是我们在最后一章将要讨论的问题。

技能二十一

善于回忆，敢于梦想。

第22章　"只是尚未"的力量

在你的面前有两条道路以各自的方式交织着通向你的足球未来。这两条道路在开始的时候几乎没有什么差别，但是后来的差别越来越大。两条道路上的风景截然不同。

一条道路是"绝对不会"之路。"绝对不会"之路就是将足球运动员带进一个没有任何进步的死胡同。我猜想，每个球员在自己足球生涯的某个阶段都会走一段这样的路。

这是一条毁灭之路。只要你踏上这条路，挫折或沮丧的浪潮就会席卷你的全身。

- "我绝对不会做好这件事！"
- "我绝对不会进入这样的球队！"
- "我绝对不会像她那么优秀！"
- "我绝对不会给他留下好印象！"
- "我绝对不会掌握这项技能！"
- "我绝对不会因表现优秀而拿到奖学金！"

这条路会让人产生怀疑，引发焦虑。它会阻止你去完成当前最重要的工作，也会破坏你的足球形象。

当然，还有另一条道路可走。这是一条"只是尚未"（只是目前还没有）之路。这是一条通向冠军的道路。

- "我只是尚未入选该球队！……"
- "这项技能确实很难掌握。我只是尚未掌握它！……"
- "我只是尚未因表现优秀拿到奖学金！……"

"只是尚未"的道路是一条需要球员有毅力坚持的道路。如果你真的想要发现自己能变得多么优秀，这就是你要选择的道路。这条道路也是改善你的足球形象的必由之路。

"只是尚未"是我希望你在进行技能训练时对自己说的一个词汇。我希望你将这个词整合到你的训练方案中去，希望你能采取一种不承认"绝对不会"和不接受"不可能"的态度。这里只有"能"或者"可以"，你只是尚未而已。

记住，你拥有一个充满潜力的无底洞，你的任务就是认真思考、刻苦训练，在比赛场上尽情地展示你的能力。如果你发现某些技能确实很难掌握，你想放弃，那么就用"只是尚未"的力量来提醒自己。你目前只是尚未掌握这项技能而已！

在这里我介绍一个我曾经接待过的足球运动员通过这样做而变得非常优秀的事例。我称该球员为约翰尼（Johnny）。他曾经是一名"绝对不会"的足球运动员。作为一名18岁的职业球员，他在一家英超联赛俱乐部的第一年表现出了很大的潜力，这些俱乐部不会轻易放弃与这样的球员签订职业合同。但是，作为一名职业球员的第一年是很艰难的，约翰尼发现他自己很难坚持下去，所以他向我求助。

约翰尼一直是俱乐部青训营中最好的球员之一。但是，作为一名职业球员，除非你特别优秀，否则第一年你必须从职业梯队的最底层重新开始。在进入预备队（18 ~ 21岁）之后，你必须精力高度集中，并且还要有耐心地进行训练。

他少年时代觉得比赛很轻松，但是这种经历并没有帮助他成为最有耐心的球员。他渴望成功，而且想一战成名。在他职业生涯的第一个上半年，他的状态开始出现下滑和倒退。在教练的眼中，问号已开始出现在约翰尼的名字旁边——他真的是参加英超联赛的料吗？教练的质疑与他自己内心的消极声音相比算不了什么。

在我与约翰尼的第一次正式交谈中，我就发现他应该重点解决的问题。约翰尼非常沮丧，经常怀疑自己参加这种顶级足球比赛的能力。

"尽管我在青训营里表现得很出色，但我觉得我的能力还不足以进入英超联赛。我认为我的能力还不足以进入一线队。我**绝对不会**达到参加英超联赛的水准。"

约翰尼受到了"绝对不会"的沉重打击。

事实上，约翰尼仍然是一个令教练们爱慕不已、有天赋的年轻球员。教练组的报告显示，约翰尼表现出了各种顶级足球比赛所需要的技能。但是，他当前所处的训练环境比他以往经历过的任何时候都更残酷，他的对手更强壮、更快速、更有运动天赋，技术上也更出色。约翰尼对此的反应就是一种"绝对不会"的心理：

- "我的技术不会像他们一样出色，绝对不会！"
- "我的身体不会像他们一样强壮，绝对不会！"
- "我的速度不会像他们那么飞快，绝对不会！"

约翰尼必须改变他的心理状态。他必须改变自己面对挑战的态度。

- "我的技术不像他们一样出色，只是尚未变得出色！"
- "我的身体不像他们一样强壮，只是尚未变得强壮！"
- "我的速度不像他们那么飞快，只是尚未达到飞快！"

约翰尼需要制订一份个性化的训练方案，并且在这个方案中专门加上"只是尚未"这个词。他需要的是一条坚持不懈的道路。他需要加强自律，需要践行承诺。

接下来，我与约翰尼一起研究如何解决上述问题。我们一致认为"绝对不会"和"不可能"都是"蚂蚁窝"。约翰尼决定，每当他听到自己嘟囔这些话的时候，他就要立即碾碎这些"蚂蚁窝"，并且将其迅速转换成包含"只是尚未"的句子。后来，"我只是尚未……"成了他的口头禅。

- "今天不是我完成训练最好的一天，我只是尚未做好！"
- "我犯了错，但是没关系，我只是尚未做好！"
- "我没有进入一线队，我只是尚未进入！"

当然，要改变他"绝对不会"的心理并不容易。但约翰尼很快就喜欢上了他的训练方案。他乐于去应对改进自己比赛细节所带来的各种挑战，也不再对自己的错误和失误产生过于情绪化的反应。当他意识到"只是尚未"的力量时，他对自己作为一名球员的看法发生了变化。他的足球形象开始变得越来越成熟。

"只是尚未"带来的改变

当你开始将"绝对不会"从你的足球用语中剔除时，开始走上"只是尚未"的道路时，你的足球形象就开始改变了。

它从"不能做"变成了"能做"，从破坏性的悲观主义转变为充满活力的乐观主义，从一幅暗淡的景象转换成一幅鲜艳的景象。

当一个足球运动员说出"只是尚未"的时候，他就打开了一扇机会之窗。他们将尽情地展示自我，而不会体验到压抑的感觉。他们每天都会以一种积极的方式完成训练任务，每天都在践行良好的行为习惯。他们会吸取失败的教训，从而不断进步，直到抵达他们向往的地方或者尽可能地接近他们向往的地方。

同时，还有一点也至关重要。尽管你一直在努力要抵达所有球员所向往的地方，你在训练非常刻苦，而且也非常聪明，但这并不意味着你肯定会实现你为自己设定的那个最高目标。

你可能永远进不了一线队，不会赢得冠军头衔，不会成为全场比赛的最佳球员，不会在一个赛季踢进 20 个球。但是**每天都要做正确的事情，给自己最好的机会去尝试**。要永远消灭"绝对不会"的"蚂蚁窝"，永远践行"只是尚未"。

你可能不知道约翰尼是谁，但是他现在一切都很顺利。他一直在一线队参加比赛，他很享受他的比赛。他通过使用比赛脚本和控制器在比赛中表现得游刃有余，即使在激烈的身体对抗中也不落下风。

约翰尼每天都会带着"只是尚未"的心理参加训练。当他失败时（他经常如此），他就会说出"只是尚未"，并且用统治力来提醒自己。统治力是我为他的比赛注入的另一种哲学理念。约翰尼也是一位统治力大师，他每天都用信任、接受、耐力和练习（TAPP）来成就自己的统治力。

用 TAPP 成就统治力

凡事都可能变得糟糕，这是不可避免的！

对方破门得分，本队比分落后；你被替换下场，成了"板凳队员"；你的球队遭遇一连串的失败；教练团队对你的表现感到失望。

凡事都可能变得糟糕，这是不可避免的！

你会传球失误和抢断不及时；你浪费了多次极好的得分机会，还让对方踢进一球，这些都是你的过错；俱乐部又引进了一名能力出众的球员且与你的位置相同，他可能顶替你在场上的位置，你感受到了威胁。

凡事都可能变得糟糕，但是你必须尽快扭转糟糕的局面。如果你不这样做，你将损害你的足球形象。如果你不这样做，怀疑和担忧的情绪会不停地折磨你。如果你不这样做，你的竞技表现就会受影响，你的技能发展也会停滞不前。

当我第一次开始与球员合作时，我会在第一时间告诉他们我不会在他们身上施魔法。我让他们知道不能抱有任何"一定能成功"的幻想。但是，我让他们知道，虽然会出现种种挑战，但我会尽全力支持他们，让他们对球场上的统治力充满激情。

统治力意味着技能娴熟，意味着有控制的能力，有统治和战胜挫折的力量。当你在比赛时，我希望这种统治力能支配你的全部行为。我希望你们对"更好"的目标——更好地学习、发展和进步充满激情。我希望你朝着统治全场的目标努力，努力提高专项技能，努力做最好的自己。无论是在你的比赛中、你的俱乐部、你的球队，还是在你的教练那里遇到什么考验和磨难，我都希望你能抱有这种态度。

- 你被替换下场——专注于统治力！
- 你输掉了一场比赛——专注于统治力！
- 你犯了好几个错误——专注于统治力！
- 你开始成为"板凳队员"——专注于统治力！
- 你这堂训练课很糟糕——专注于统治力！

当你参加运动竞赛，并且在心理上准备接受要赢得冠军的挑战时，那么就会遇到各种各样的困难。虽然每个球员在人格、气质和个性特征上都是不同的，但每个人在面对困难时的解决方案却是相同的——专注于统治力。

当所谓的"问题"发生时，你要引导你的大脑动用统治力。将你的注意力集中在你**需要提高和改进的地方**。随时提醒自己关注训练方案和对卓越的不断追求，从而管理你的思维。

事情就是这么简单。当你面临各种不利情况或一个接一个的失误时，要专注于如何让自己的足球比赛表现变得更好！为了帮助你更好地进入统治状态，我也准备了一个提示语，我要求你在努力进入统治状态时对自己重复这个提示语。

这个提示语就是"用 TAPP 成就统治力"。T 代表信任（trust），A 代表接受（accept），P 代表耐心（patience），最后一个 P 代表练习（practice）。让我们逐一对它们进行分析。

信任

"我相信我的能力。我相信我每天会在赛场有新的表现。我相信我的改进计划。"

伟大的足球运动员对自己、日常训练、比赛当天的程序都有充分的信任。他们知道，有了正确的训练方案和比赛脚本，他们将不断提升自己的竞技表现，并且在比赛中表现出更好的稳定性。

在训练和比赛特别艰难的时候，足球运动员需要提高信任的音量。他们需要信任自己每天设定的足球任务。"不必紧张！我相信我当前的努力。我相信每一分钟、每一秒我所做的都会让我在本场比赛中实现我的心愿！"

没有信任，统治力就无从谈起！如果你不信任自己，也不信任你所制订的改进计划，那么统治力是不可能实现的，而且绝无可能！

"我犯了一个错误，没关系！我丢了一个球，也没关系！我知道我的训练方案会减少这些错误。即使教练现在对我不满意，我还是必须坚持我的训练方案，保持高度专注。"

接受

坦然接受当前发生的各种不佳的事在足球比赛中是至关重要的，这是心理状态放松的先导。只要你能够坦然接受那些"烦心琐事"，你就可以减轻各种压力、减少焦虑情绪。

"我会坦然接受可能出现的各种'烦心琐事'。我承认出现差错是足球比赛的一部分。我承认能否入选这个队不是我自己能控制的。我所能做的就是努力变得更好。"

足球运动员必须坦然接受大脑带来的各种挑战，这样做可以让自己冷静下来。当出现某种意外情况时，一个能够坦然接受现实的足球运动员能够及时做出有效的反应，而不是被突然爆发的消极情绪所控制。

信任与接受是一对天作之合。信任你的能力，并且接受你的能力能被拓展、提高。即使经常会遇到一些你无法控制的问题，它们也将帮助你始终理性、冷静地进行思考。

"我信任，我接受。我信任我正在经历的旅程，并且我会坦然接受各种考验。我会面对所有问题，其中包括某些不公平的待遇。但没关系，我能坦然接受，我信任我自己和我的能力。我相信我的所作所为能让我成为最好的自己！"

耐心

耐心是一种积极的心理品质，足球运动员不可能有太多的耐心，这是一种需要不断强化的特性。正如你通过举重练习来让自己变得更强壮一样，你也需要有耐心让自己变得更有耐心！

"放松，冷静……要有耐心。即使出现了'烦心琐事'也没有关系。我必须要有耐心。我知道我做的是对的。我不能强求成功。只要我有耐心，成功就能实现。"

如果球员缺乏耐心，常常会伴随着肌肉紧张。这会导致皮质醇在你的身体里涌动，从而阻碍你在比赛中高水平地发挥，降低你掌握技能的速度。如果你缺乏耐心，你就不会成为一个优秀的学习者。

"要有耐心，我会努力训练争取早日回到球队中去。但是，我不能强迫自己、为难自己，要保持耐心！"

耐心也是放松的先导。如果你希望提高技能，放松是一个必要的因素。如果你的身体紧张僵硬，你永远也进不了强队。如果你是一个前锋，强求自己的进球数量，你永远也进不了20多个球。如果你是一个守门员，强求自己零失球，那么你就永远不会保持零失球。

- "放松，冷静……要有耐心。我迟早会进球……"
- "放松，冷静……要有耐心。我会保持零失球……"

• "我信任自己的能力。我坦然接受所有的挑战和不利的情况。不管发生什么事，我都要保持耐心……"

练习

• "我知道我的目标在哪里。我已经对标好一个更高的层次。我有一个新的训练方案。我的比赛脚本就在我的床边，我醒来就会想到我未来的比赛。它写在我的冰箱上——我的精神营养每天都在增强；它就在我的装备包里——这是我上场前最后要看的一件东西。

• "我要践行自己练习的承诺。我在大脑中建造了我的"赛车道"——一条宽广、厚实、快速、强劲的"赛车道"。失败是不可避免的，但我会继续向罗纳尔多看齐，我会继续向史密斯靠近。"

因为这就是成功者所要做的，成功者把耐心与练习结合在一起。面临失败时，成功者也是专注于如何让自己变得更好。没有任何事，也没有任何人能阻止他们取得进步。

在逆境中，冠军们信任自己的能力。他们会坦然接受发生在他们身上的任何事情。他们总提醒自己：旅途是漫长的，必须耐心面对艰难的时刻。他们的思维会完全专注在练习上。

这并不是因为熟能生巧，而是因为练习能够帮助他们在追求卓越的过程中克服出现的各种问题，帮助他们集中注意力，将那些无关的"烦心琐事"抛在脑后。用信任、接受、耐力和练习成就统治力。

"我希望自己变得越来越优秀，我的各种技能不断得到提升，我的战术知识不断得到丰富，我的心理状态不断得到改善。我希望在球场上尽我所能地执行我的各种程序。"

技能二十二
绝对不说"绝对不会"，总是使用"只是尚未"，用 TAPP 成就统治力。

激励小结

你可能认为自己有能力达到一定的水平，但你可能**不觉得**自己可以做到。你的足球形象主导着你的比赛，这是你对自己作为一名球员的想象。这是一种能让你停滞不前或推动你不断进步的愿景。

你的足球形象是由你在训练和比赛中体会到的舒适感来衡量的。在 0 ~ 100 分的范围内测量你认为自己作为一名足球运动员有多么优秀，然后在相同的分值范围内为你的足球形象评分。

当你在某种足球环境中感到不舒服时，意味着你的足球形象低于你现在参加比赛的层次——你不是处在你的舒适区。这些感觉可能以紧张、怀疑或担忧的形式出现。你要管控好这些感觉，同时还要努力提升自己的足球形象。

为你的足球形象评分。

*

冠军们会以正确的方式对自己严格要求。你可能有点害怕批评自己在比赛中的个人表现，但是所有项目的最优秀的运动员都会这样做。他们只是以正确的方式对自己严格要求。

要严格审视你的比赛过程。你使用控制器了吗？你坚持你的比赛脚本了吗？你消灭无意识消极思想了吗？如果没有，为什么不这样做呢？如果你已经对比赛过程进行了认真梳理，接下来花些时间来分析你的比赛表现。过程第一，表现第二。

冠军们也会严格践行夺冠过程中的行为习惯。他们每天都在重复那些帮助他们走向卓越的训练和练习。他们有动机，而且践行承诺。他们会克服一切障碍努力做最好的自己。

正是这种韧性帮助他们提高了专项技能水平，建立了一种必胜的心理状态，塑造了自己的足球形象。

严格要求自己。

*

正如心理状态影响身体能力一样，身体能力也影响心理状态。

训练你的身体可以净化你的大脑，消除脑中的迷雾，同时提高你的思想清晰度。竞赛能力的提高为球员需要的心理稳定性奠定了基础。

要重视每次练习。一堂体能课也会同时训练你的心理和身体。你需要改善你的足球形象，更加相信自己。你要给自己一个更好的机会在足球场上取得更大的成就。

强壮、威猛、有耐力的足球运动员的注意力更集中，且不易分心。他们上场比赛会带着强大的自信，知道自己的身体状态可以帮助他们应对各种挑战，争得头球、传球更精准、射门更有力、视野更开阔、行动更开放。

这个启示很简单——如果你不注重身体训练，那么你就不能成为最好的自己。

注重身体素质与竞赛能力。

*

我希望球员能够记住他们最好的自己是什么样的，能重现自己的强项，回顾那些精彩的比赛，记住比赛的胜利时刻。

通过记住你的最佳状态，坚持不断地给你的大脑提供保持学习所需要的营养。通过记住你最好的比赛，你便拥有了一个生动的模板去一次又一次高质量、稳定地展示你的足球技能。

除了提高记忆力，还要每天锻炼想象力。敢于梦想一场超越你能力的比赛。为你的神经系统提供一个与众不同的模板。

通过每天运用你的记忆力和想象力，就可以建立一个更完美、更强大的足球形象。

善于回忆，敢于梦想。

*

在你面前，有两条道路以各自的方式交织着通向你的足球未来。一条道路是"绝对不会"之路，还有一条是"只是尚未"之路。"只是尚未"之路会帮助你成为最好的自己。

当你将"绝对不会"从你的足球用语中剔除时、开始走上"只是尚未"的道路时，你的足球形象就开始改变。

它从"不能做"变成了"能做"，从破坏性的悲观主义转变为充满活力的乐观主义，从一幅暗淡的景象转换成一幅鲜艳的景象。

统治力也有助于足球运动员管理自己可能面临的各种艰难局面。我希望所有的球员都能用 TAPP 成就统治力，充分信任自己的能力，坦然接受各种挑战，在任何时候都要有耐心，始终专注于提高的过程。

学习、发展、提高……

绝对不说"绝对不会"，总是只用"只是尚未"，用 TAPP 成就统治力。

总结与反馈

你好。请进来就坐，我有一些激动人心的话要与你分享。

我最近一直在俱乐部观察你，我已经看到了一些变化，一些巨大的变化。

我看到了你管理自己的方式，也看到了你与他人互动的方式。正如你自己认为的你拥有一个充满潜力的无底洞！你看起来神采奕奕、无拘无束、无所畏惧。

你的凝视、你的眼神、你的训练、你的比赛、你的思想，似乎都在显示你的能力没有极限。我喜欢这样的你！只要一想到你对学习、对做最好的自己所倾注的激情，我就激动不已。

从你给我的训练方案就可以看出，你在分析自己的比赛方面已经付出了相当的努力。我喜欢看到你对"变得更好"有着自己的理解，而且你已经制订了一个如何让自己变得更好的计划，这个计划令人印象深刻！

因为你已经制订了训练方案，因此变得更加专注。当然，我也发现了一些错误，但它们是你进步过程中不可避免的组成部分，你处理这些错误的方式恰到好处。我可以看出你在认真思考如何贯彻你的训练方案。我看到你在思考、思考，一直在思考。我很喜欢你这样做。我知道你会继续提高训练的质量。你的大脑也正在发生改变，尽管这需要时间，但是你一定会成功。

不停地努力、不停地拓展……

接下来，你参加了一系列比赛。你的比赛也给我留下了深刻印象。你表现出超强的自我控制能力，就像你完全沉浸在自己的比赛脚本中一样。即使比赛没有按照你的预期发展，你似乎也能重新开始，完全不受影响。你的肢体语言也是超级棒。你看起来像穿了防弹衣一样坚不可摧，看起来是那么不屈不挠！

如果让我来总结你的比赛，我会用"充满自信"和"充满活力"这样的词语来形容。你在球场上已经展示了你重新塑造的强大自信，而且你在比赛当中的表现也完全证实了这种自信。即使是在别人都累得要趴下的最后 10 分钟，你仍然不知疲倦，看起来依然充满活力。

还有什么？肯定还有更多……

你可能不知道，我看到你在上场比赛开始前有几分钟的安静时间。你在做什么？是在想象你的比赛脚本吗？我喜欢这个习惯——在头脑中建立完美的比赛过程，并将其形象化。

比赛结束后，你认真地进行了分析。你对问题的剖析入木三分，着实让我大吃一惊。你认真汲取了比赛中表现好的那些方面和你期望改进的地方。

我对此的印象太深刻了。

但是，我认为让我印象最深刻的还是你的人格。你处处散发着自信，看起来那么乐观豁达。当然，你并不是完美无缺的，也有一些令人失望的地方，但是你总是以一种积极的态度去践行自己的使命。你对各种挫折与障碍的反应和处置也是超一流的。你看起来专注、自律、充满激情、充满自信，你看起来已经做好了迎接任何挑战的准备……

你就是一条足球硬汉！

致 谢

　　首先，我要感谢 Bennion Kearny 公司的出版商詹姆斯（James）在过去四年中对我的所有支持和建议！我还要感谢我的家人——妈妈、爸爸和佐伊（Zoe）的大力支持！

　　感谢足球运动员扬尼克·博拉西（Yannick Bolasie）、凯利·史密斯（Kelly Smith）、雷切尔·扬基（Rachel Yankey）、马利·沃特金斯（Marley Watkins），以及 Back 2 Action 的体能教练雷安·威尔逊（Rayan Wilson）对该项目的支持，并允许我向全世界介绍他们的足球思维方式！

　　非常感谢所有喜欢并支持我工作的球员和教练员！我每天都在向你们学习，感谢你们肯定和支持我的工作！

　　最后，我要把衷心感谢送给我了不起的妻子海迪（Heidi），没有她的支持，就不会有这本书——感谢你，最好的编辑，最乐于助人的评论家，最热情的粉丝，最体贴、最有爱心的妻子！

　　通过 rayanwilson@back2action.co.uk（www.back2action.co.uk）可与体能教练雷安·威尔逊取得联系。